译者序

常言道，我们都从经验中得到教益。这经验除了自身的，还有别人的。本书的一位作者指出："更好和更有效地避免自己犯错误的方法，是借鉴别人已犯的错误。"本书作者和其他短文撰写者把他们在数字化转型过程中得到的经验和教训与读者进行了分享，希望转型的实行者能够得益于"他人的经验给予的智慧"。然而，正如理查德·本杰明（Richard Benjamins）在书中指出，每个组织各自不同，读者该从别人身上汲取有用的经验教训，走出一条具有特色的数字化转型之路。作者们还强调，转型的过程不仅关乎组织自身，也要考虑整个社会的利益。

从我个人的角度看，我认为这本书也为那些还没有涉足数字化转型领域的中国读者打开了一个窗口，了解特定职业领域里的思维方式和做事方法。本杰明系统地、简明扼要地描述了数字化转型过程中必须涉及的各个方面。通读此书，读者会理解数字化转型过程中各层面复杂的关联和影响。例如，读者可以看到决策过程中涉及的因素以及最终的结果。然后，读者也许会拿欧洲和中国作比较，以开阔自己的企业文化眼界。

由于译者翻译能力有限，加之英语和汉语各自独特的句法和语义特征，导致翻译过程中存在一定的灵活性和不确定性。因此，对翻译中的不足和错误，恳请读者谅解并指正。

郑李伶

我为什么写这本书

在我进入职业生涯以来，我已经在行业活动中进行了数百场演讲。在过去的 5 年里，每当我展示一张幻灯片，呈现出组织在迈向数据与人工智能驱动时必须做出的 20 个决策时，我都能感觉到观众对此的强烈认同。考虑一下数据和信息技术之间的关系，数据机构应该向哪个职能部门汇报，如何衡量经济效益，等等。已发表的大量文章大多描述大数据是什么，它是如何工作的，如何将其应用于各行各业，面临的挑战是什么，它对企业有什么意义等，几乎没有文章探讨数据与人工智能转变过程中的实践经验，并就可选择的方案提出具体建议，便于组织充分发挥大数据与人工智能的能力，同时尽量减少不恰当的决定。这是写作本书的一个重要起因。

经过培训成为认知科学家，专注于人工智能研究，我一直从事智能信息系统、大数据与人工智能方面的工作。在这过程中，我见证了组织从把数据视为运营中的负担转变为接受数据作为战略资产的心态。我曾荣幸地成为西班牙电话公司（Telefónica）转型过程的参与者，与它同行十多载；在安盛集团（AXA）也经历了类似的变革过渡。在这些年的行程中，通过参加上百场大数据分析和人工智能活动、研讨会和会议，我认识到市场上缺乏清晰、实用的指导材料。另外，我了解到在各行各业中大约 70% 的数据与人工智能应用是相似的，只有 30% 是行业特有的。在本书中，我将着重介绍这 70% 的内容，即适用于任何想要成为数据驱动型企业并使用人工智能创造价值的组织的普遍规律。

为什么组织希望实现数据驱动和人工智能驱动

多年前，麦肯锡（McKinsey）的报告《大数据：创新、竞争和生产力的下一个前沿》（*Big data: The next frontier for innovation, competition, and productivity*）引起了公司董事会对大数据的注意。自那时起，作为更广泛数字化转型的一部分，许多大型企业开始了它们在大数据领域的探索之旅，其愿景是协助组织优化其核心业务，开发新的数据驱动的产品和服务，甚至开拓全新的商业模式。如今，几乎所有的业务流程都在某种信息技术系统上运行，因此生成了大量的数据。这些数据可以被分析并用于优化流程，也可以与其他数据源结合以促进企业内部的进一步优化，还可以与外部数据源结合以发掘更多的新机会。近年来，同样的事也发生在人工智能上，并且人工智能在潜在价值和关注度上已经盖过大数据的光彩。事实上，人工智能被认为是当今最有前途的技术之一，与电力和互联网一样具有革命性的影响力。许多政府已经采取了措施，旨在充分挖掘其优势，同时避免潜在的负面影响。

然而，成为数据驱动和人工智能驱动的企业并非易事。这是一个长期且持续的过程，是所有大型组织正在进行的数字化转型关键环节。图1展示了西班牙电话公司在数据与人工智能领域的历史轨迹，道路漫长而复杂，有起也有落。从这经历中我总结了两个主要知识点：

（1）分段行程。方法是行程分段走。如果不经过前面的阶段，几乎不可能直接跳到所期望的终点。然而，这并不意味着不能部分地并行运行不

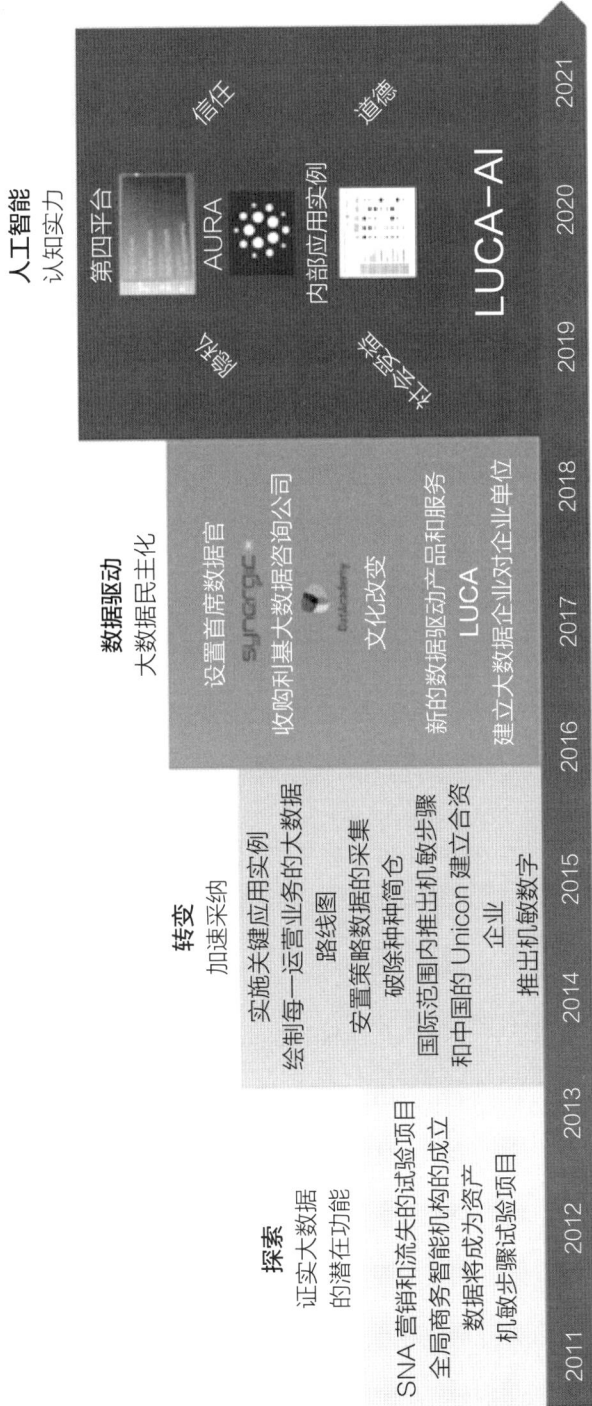

图 1 西班牙电话公司的数据与人工智能行程：阶段包括探索、转变、数据驱动和人工智能

同的阶段。

（2）数据驱动阶梯。要拓展人工智能，必须先成为数据驱动型企业。

根据《哈佛商业评论》（*Harvard Business Review*）的一篇文章，"77%的主管认为企业在采用大数据/人工智能计划时面临巨大的挑战"。只有不到 10% 的人将技术列为主要障碍，文章还提到了其他普遍的原因，解释为什么成为数据与人工智能驱动企业仍然面临挑战。

探索

探索是数据与人工智能旅程的第一阶段。启程的方式可能是自下而上，由拥有技术能力的数据爱好者推动（比如，数据科学家或数据工程师），或者是自上而下，由听闻数据对业务有益的经理推动。无论哪种方式，通常的步骤是选取现有的业务问题（也称为"应用案例"），例如降低客户流失率或提高营销活动的效率。接下来，收集数据，利用分析工具研究它是否能解决该问题。

西班牙电话公司在 2011 年进入探索阶段，当时我们正在试验病毒式营销。选用这应用案例的目标是提高付费电视广告宣传的效果。传统的营销活动依赖于每个客户的资料，现在我们想探究病毒式活动的潜力。我们使用了固定电话的通话详单（Call Detail Records），从中提取隐藏的社交图（谁与谁通话）。然后，我们识别出通话较多的群体，把这种特征解释为表明这些客户之间存在密切联系的社交团体。这些通常是由 4—6 户家庭组成的小团体。随后，我们研究了至少包含有两户已经签约付费电视服务的家庭的团体。我们假设这两个家庭会影响团体中的其他成员，因此他们比普通客户更倾向于购买付费电视服务。这种做法的独特之处在于，尽管客户被单独对待，但通过新技术，他们之间的社交关系也被考虑在内。

研究结果出人意料。观察了活动中的所有对象，并没有发现明显的积极或消极影响。但是，查看活动带来的新客户，其中许多属于以往未被视为市场细分的群体：家庭中年纪较大（55 岁以上）的成员。在这群体中有明显的病毒效应，这使我们能够设计针对性的活动，并最终促成了高转化率的增长。

基于这些充满希望的结果，西班牙电话公司开始探索如何在整个组织范围内，整合数据、分析和业务，以使各个部门成为一体。公司建立了一个全面的商务智能（Business Intelligence）部门，以综合了解每个运营的实际情况，并制定策略以便共享最佳实践和吸取经验教训。2012 年，我有幸成为西班牙电话公司第一个全球商务智能部门的负责人。

转变

转变阶段的目标是让组织准备好把数据作为策略资产，以系统的方式从中创造价值。在此阶段开始的活动包括选择和实施，被认为是对业务有重大影响的关键应用案例。案例选择在集团范围内展开，采用一种包含可选项的"菜单"模式，但是实施步骤由各业务部门根据当地情况自行决定。

在这阶段中，我们还启动了整体大数据蓝图项目，把依赖于供应商数据库的传统商务智能工作转变成更开放的大数据架构。

我们发起的另一项活动是制定数据获取策略。电信行业拥有丰富的数据资源（包括通话详细记录、网络数据、万维网数据、应用程序数据和呼叫中心数据等），但收集和储存所有数据并非易事。数据通常储存在供应商的系统中，并且电信公司是否或在什么条件下可以访问此数据并不清楚。供应商逐渐认识到数据的价值，我们发现他们并不总是愿意提供对数据的访问权限。我们吸取的一个重要教训是，在与供应商签订合同时必须明确规定数据访问条款。考虑到这种限制，西班牙电话公司开始绘制数据采集路线图：逐步增加数据，并根据实际需求对其进行优先级排序。

在变革的过程中，打破固有的职能划分和部门壁垒是最具挑战性的技术难度之一。数据源总是与特定的业务流程相关联，按照惯例，业务功能所有者掌握着产生数据的业务流程。数据所有者可以决定如何从数据中提取关键绩效指标（KPI），并与谁共享数据子集。当数据价值变得清晰可见，它也随之成为权力之源。与公司其他团体分享数据有时被视为失去掌控和权力。然而，随着时间的推移，这种阻力逐渐减弱。现在，所有业务线的所有者都已经认识到数据共享对组织有利。

转型阶段的重要转折点是，要求所有业务在年度总体计划中明确地列出大数据预算。这使得之前隐藏在信息技术和其他预算中的数据支出变得透明。首先，从普通员工到中层管理人员，每个职员清楚地了解到每个业务在数据方面的投资金额是多少，预计的利润是多少。不过，大型业务会期待比预期更高的投资和收益。另外，清晰的预算编制看似简单却促进了企业文化的改变。过去，数据专业人员需要说服业务人员使用数据；现在，业务人员主动寻求数据专业人员的帮助。

当西班牙电话公司开始它的数据之旅时，数据"机构"和总裁之间的报告距离大约是 6 级。到 2019 年年底，首席数据官直接向总裁汇报。随着数据成熟度的提升，数据战略重要性的理念在企业层级中慢慢攀升。

数据驱动

进入数据驱动的发展阶段后，很多重要的企业决策都以数据为依据。也就是说，除了传统智慧、经验和直觉之外，还有数据驱动的深度洞察力。然而，仍有一些重要挑战需要克服。

所有处于这一阶段的企业均任命了首席数据官或类似职位的主管，来领导数据团队。但是，仍然需要实现这种能力的普及化，以便效益不只是由特殊的数据专业人员群体创造，而是企业的每个职员都参与其中。扩大数据创造价值的规模与其说是技术问题，不如说是文化问题。在本书中，我们将探讨如何实现这个过程。

另一项在此阶段开始的活动是公司设想其他方式从数据中提取价值。到目前为止，价值主要来自内部业务改进。不过，对一些行业来说，从第一方数据中获得的见解实际上可以为其他行业带来显著价值。在西班牙电话公司，通过移动电话网络传递的数据就是这种情况。今天，除了其他设备外，大多数人会有一两部手机连接到互联网。所有这些设备都会产生活动，这使得从每个天线收集的匿名和聚合数据中获得见解成为可能。移动电话网络活动产生客流量和移动数据，这对交通运输、旅游业、公共管理、零售业和金融业等领域有很大的意义。

来自移动数据的见解不仅有商业价值，还有社会价值。2016 年，我们在西班牙电话公司成立了名为"社会公益大数据"的专门机构（Big Data for Social Good），它利用移动网络数据的见解，结合开放数据和其他第一方数据，为实现联合国可持续发展目标起一份作用。这项工作涉及与慈善机构和其他非政府组织的密切合作，它们致力于解决诸如强制迁移、自然灾害伤亡、儿童贫困、人口流动对气候变化和传染病的影响等问题。

人工智能

在最后阶段，分析、机器学习和其他人工智能技术能从数据中最大限度地创造价值。这时，为了扩展规模，公司也许会根据几年的经验和学识重新审查它们早期的数据策略，包括技术选择（比如，在内部还是云端存储数据）、调整组织架构和职责分配，或者对集中式数据团队与分布式团队进行比较。同时，也需要考虑建立新的业务部门以便重新权衡地方性与全局性的责任分配。

在西班牙电话公司，这个阶段开始于应用人工智能来改变公司与客户之间的互动方式，使用所谓的"认知计算"。这涉及使用自然语言处理（NLP）技术自动理解客户意图，然后将这些信息直接连接到个体客户的记录中以回应客户的请求。

在此期间，我们也开始将西班牙电话公司视为一家平台公司，共四层。第一层对应物理基础设施（网络、天线、光纤、商店等）。第二层对应信息技术系统，负责业务运行（电信行业称为 OSS 和 BSS[1]）。第三层对应在其他两平台之上运行的数字服务。关键点是这三座平台产出巨量数据，按照惯例这些数据在（或不在）当地保存。这就是为什么总是需要花费很多的精力才能取得应用实例所需的质量不错的数据：它分散在企业各处（严格来说，分布在不同的物理系统中，有不同的格式，涉及不同的供应商），由不同的业务用户拥有。最后，第四层是新平台，它以具有清晰含义的可互操作的数据格式收集来自其他平台的所有数据，而且，第四平台现在是企业全部数据与人工智能倡议的基地。

最大限度地使用大数据与人工智能也带来了新的风险，特别是这些涉及隐私、人工智能和大数据的负面影响。把数据与人工智能置于组织的核心需要更加注重保护客户数据的安全，不只是为了遵守法律，更是为了建立和维护信任。根据欧盟的《通用数据保护条例》（*European General Data Production Regulation*），使用数据的公司（其中大部分数据从客户与公司的服务交往中产生）负有许多法律责任，同时冒着失去客户信任的风险，应当以不透明的方式使用数据。此外，在整个组织范围内使用人工智能时，公司必须确保始终负责任地使用这项技术，以避免歧视，置人于中心，必要时打开黑盒算法。

　　每个组织将设计或遵循自己的道路以实现数据驱动和人工智能驱动。正如我们在前文提到，没有两条道路是相同的，但它们之间会有很多共同的主题。本书阐述这些共同特征，以协助每个组织在整个行程中的关键决策点上做出明智的决策。

这本书关于什么

　　本书将让读者能够认识到他们在数字转型成为数据与人工智能驱动过程中所面临的挑战。本书描述在进行迎战决策时，存在的可选择方案、方案的评估和替代方案，讨论了大型组织在它们改革行程中遇到的各关口需做的 21 个关键决策。大型组织并不总是直截了当进行决策，即使它们没有意识到，它们实际上在无意识的情况下做出了这些决策。这些教训是作者根据在两个大型组织里十多年紧张而丰富的工作经历，以及在上百次行业活动中与各行各业的人员交流所积累的知识和经验。出人意料的是，不同行业面临的挑战是如此相似。本书深入探讨了这些共性的挑战。

　　书中大多数篇章的结尾附有一篇短文，出自在不同企业工作的有经验的数据专业人士之手，希望他们的实际经验和特有的结论能从不同的角度丰富我们的经验教训。

　　本书不涉及数据科学和大数据架构的技术方面，也不向商务人士讲解数据科学或人工智能，它是关于在向数字化转型的过程中如何取得进展的问题。在转型过程中，数据与人工智能是两个基本要素。同时，本书并不提供一份转型过程中需要考虑事项的详尽清单。确切地讲，它用经验教训编织了一条贯穿的主线以突出公司会遇到的主要决策点。

谁是这本书的读者

本书的读者对象是数据专业人员，他们有兴趣把自己的组织改变成更加熟练地使用数据与人工智能的团队，期望利用这些强大技术带来最大利益。它对两种组织能起到积极作用：打算登上数据与人工智能旅程的，已在路途中希望过渡到下一阶段的。一般的专业人员能从本书中吸取的有用的经验建议包括：

● 新入职的和在职的首席数据官、首席人工智能官或首席分析官，负责带领他们的组织迈向数据驱动。

● 数据科学家、人工智能工程师和其他数据专业人员，有意在他们的职业生涯中成为首席数据官。

● 公司总裁（CEO），希望了解他们能够期待什么（比如，业务、投资、挑战），如果他们决定成为数据驱动或人工智能驱动型组织。

● 首席财务官，需要知道怎样为数据之旅提供资金和预测投资回报率。

● 任何读者，有兴趣了解公司如何（缓慢地）推进其数据与人工智能的数字化转型。

读者将学到什么

阅读本书后，读者将了解到：

● 数据之旅的不同阶段，和它们各自的特征。

● 当任一组织想要向数据驱动和人工智能驱动升级时，在体制、技术、业务、人事和伦理等方面，需要制定什么样的决策。

● 转型进展相关的决策和可选择的方案。

● 各选项的利弊；根据实际情况做什么样的决定最恰当。

● 可用的方案和已作选择的实际例子。

● 20位数据专业人士的亲身经历，他们在一定程度上推动了组织的数据转变。

本书的结构

本书分5个部分。每部分聚焦一个和行程特定方面有关的决定，同时从不同的角度来描述。

第一部分：体制。介绍在转变数据与人工智能驱动的过程中体系结构方面的决定。其中包括：

● 在组织体系图中哪一处安置首席数据官。

● 数据和信息技术如何共存。

● 是否把人工智能放置在数据机构。

● 怎样衡量数据成熟度。

● 数据的外部货币化。

第二部分：业务和财务。介绍和数据与人工智能有关的主要业务决策。其中包括：

- 怎样选择人工智能和大数据的应用实例。
- 怎样衡量经济效果。
- 怎样资助数据与人工智能行程。
- 怎样接洽开放数据。
- 中小企业人工智能和大数据的实施。

第三部分：技术。阐述数据与人工智能行程中面临的技术决策。相关的问题包括：

- 云托管与组织内部托管。
- 依靠地方还是总体的数据存储，是否采用统一的数据模型。
- 在哪里进行分析（集中或当地）。
- 数据采集策略。
- 与外部供应商和合伙人合作。

第四部分：人事。讨论需要考虑的与人有关的因素，比如：

- 争取抱怀疑态度的人。
- 数据透明化；在公司范围内扩展见解。
- 怎样推销结果和利用数据造成声势。

第五部分：责任。讨论人工智能应用和大数据应用对社会和伦理的影响。其中包括：

- 人工智能和大数据对社会和伦理的挑战。
- 人工智能规范和负责任的人工智能应用的重要性。
- "公益"大数据与人工智能。

目录 📁

第一部分　体制 － 001

第一章　首席数据官应放在组织体系中的哪一处 － 003

第二章　数据和信息技术——它们怎样共存 － 010

第三章　人工智能隶属数据机构或是独立的 － 016

第四章　怎样衡量数据成熟度 － 022

第五章　数据的外部货币化 － 030

第二部分　业务和财务 － 043

第六章　怎样选择人工智能和大数据应用实例 － 045

第七章　怎样衡量经济效果 － 051

第八章　怎样为数据行程提供资金 － 059

第九章　怎样接洽开放数据 － 067

第十章　中小型企业的人工智能和大数据 － 076

第三部分　技术 － 085

第十一章　云还是组织场所 － 087

第十二章　局部还是全局存储、是否统一数据模型 － 096

第十三章　在哪里运行分析 － 108

第十四章　数据采集策略 － 118

第十五章　与外部供应商和伙伴合作 － 130

第四部分　人事　－　139

第十六章　争取抱怀疑态度的人　－　141

第十七章　数据民主化　－　146

第十八章　怎样用数据造声势　－　154

第五部分　责任　－　161

第十九章　人工智能和大数据对社会和伦理的挑战　－　163

第二十章　从人工智能的规范到人工智能的可靠使用　－　172

第二十一章　数据作为公益的力量　－　185

第一部分

体制

在第一部分里，我们讨论数据与人工智能旅程组织结构方面的决定。

这些决定涉及：

- 数据与人工智能机构在组织结构图中的位置。

- 怎样与信息技术连接。

- 数据是否与人工智能或者分析相结合。

- 如何衡量数据成熟度。

- 是否需要一个专门机构负责外部货币化。

第一章
首席数据官应放在组织体系中的哪一处

随着大数据与人工智能在商业世界变得越来越重要，首席数据官在董事会中获得一席之地也就不足为奇。

第一位首席数据官于 2002 年由第一资本（Capital One）任命。在过去几年中，越来越多的组织（主要是私营企业，但也有国有企业）把数据视为一种策略资产，并设置了首席数据官。一项调查（New Vantage Partners，2021）显示，在 2021 年有 65% 的公司反馈已任命了首席数据官，而 2018 年这一比例仅为 55.6%。

在这新职能出现之前，商务智能和大数据倡议通常散布在组织的各个层次，在孤立的部门里开展，即使有中央商务智能团队密切关注总体的公司商务智能策略。随着数据战略意义的凸显，许多组织已打算任命首席数据官作为其数据策略和实施的中心负责人。在任命首席数据官时，组织面临的典型问题包括：

首席数据官和总裁之间的距离应该有多远，CEO–1、CEO–2 或者 CEO–n？

假如是 CEO–1，首席数据官与公司其他官员的关系如何，特别是首席信息官和首席技术官？

假如是 CEO–n，首席数据官应该向哪位高管汇报，是首席信息官、首席运营官、首席营销官、首席财务官、首席转型官、首席技术官，还是首席数字官？

首席数据官和总裁之间的距离应该有多近

为了充分发挥数据的潜力，首席数据官最好被安置在这样的部门——它的任务贯穿整个公司，代表大部分业务。之所以这样安置，是因为价值创造不局限于某一特定区域（比如营销），而是与总体有关。不那样的话，价值创造偏向于个别部门的数据，或者来自与业务无直接关系的部门。

因此，许多人认为安置首席数据官最适合的地方是在 CEO-1 或 CEO-2，特别是在首席运营官的手下，负责跨公司的业务。首席数据官直接向总裁汇报会让其在执行委员会中占一席位，如此向公司内外送出强有力的信息。另一方案，首席转型官和首席数字官是另外两位高级职员，能确保跨越组织的应用和相关性。尽管两者的几年任期是暂时的，但他们以贯穿组织的形式工作，肩负着使他们的业务适应于数字世界的重任；其中，数据是关键部分。

当然，首席数据官直接向总裁汇报不一定适用于所有组织，也不是必需的。这样安排需要具备一定的数据成熟度，并且更适合那些更有远见的组织，它们真正认识到并乐意接受这一事实：必须以数据驱动的姿态去适应数字世界。

那么，为什么组织不愿意（或尚未）把首席数据官安置在 CEO-1？

● 从数据的角度来看，一些公司还未成熟，因此想把首席数据官排在首席信息官之下，放在信息技术部门职能内。这有助于确保在开始将数据用于业务之前对技术有足够的理解。

● 一些组织对在哪里开始利用数据非常清楚，因此把首席数据官安置在相应的部门。例如，快速消费品等行业的公司对改善其消费者营销有着浓厚的兴趣——也许会把首席数据官置于首席营销官之下。那些想利用数据进行创新的公司，甚至会把首席数据官设在首席技术官（研发）之下，而想节省开支的组织也许把其放在总体资源官之下。

首席数据官机构归属哪一部门

一般来说，不管是安置在哪一部门，都意味着首席数据官延续了所属部门的一些目标。假如处于营销部门，那么目标可能集中在销售或收入增长上。假如在总体资源下，主管的目标可能与成本节约有关。首席数据官的实际职责范围及其协作能力，会影响和其他部门的合作。然而，经验告诉我们，这种合作难以突破企业内部的关键绩效指标的界限。

因而，如果一个组织决定把首席数据官列在 CEO-1 级别的主管之下，而没有跨越组织边界，这将对数据创值造成不必要的限制。但是，为什么大多数首席数据官没有得到 CEO-1 的岗位，而是 CEO-2，甚至是 CEO-3 或 CEO-4？表 1-1 列出了影响组织做出此类决策的利弊。

表 1-1　首席数据官在组织结构图中不同位置的利弊

归属上司	利	弊
首席营销官	为营销和销售提供有直接效果的应用实例	一般专注 B2C（企业对消费者），忽视 B2B（企业对企业），没有抓住其他价值来源
首席财务官	财务账本要求高质量数据	不太注重业务，财务管理不需要大数据
首席信息官	根据公司标准使用的技术	受技术标准而非业务支配
首席技术官	利用最新的技术革新	由新技术而不是业务来推动

续表

归属上司	利	弊
首席安全官	有利于顾客数据的安全和隐私	不太注重业务
首席资源官	节约费用直至底线	注重效率，而不是增长

这些组织已决定把成为数据驱动作为它们数字化转型的重要组成部分，通常会任命 CEO-2 级别的首席数据官。与此相关的重要考虑是首席数据官归属哪一部门，决策者可参考本章中讲解的一些经验和知识来做出明确的决定。随着组织的数据成熟度的提高，该主管也许晋升为 CEO-1，但这样的提拔并不常见。

当然，首席数据官能否成功不只是取决于其在组织体系中的位置，但这仍然是一个重要因素。对影响成功的其他见解，读者可以参阅策略数据管理顾问杰·赛迪（Jay Zaidi）的文章，其中列举了许多例子，包括业务资助和职能不明确的问题。

在西班牙电话公司，首席数据官于 2015 年年底成为执行委员会的成员。从那时起，已有三人担任此职务。十年前，数据事务分散在公司各处，负责人的岗位位于 CEO-5 和 CEO-6 之间；七年前，该职排在 CEO-4；六年前，升到 CEO-2。在 2015 年，升到 CEO-1；这些晋升表明了在西班牙电话公司数字化转型战略中数据变得越来越重要。

关于首席数据官所属部门和级别的讨论对于那些正向数据驱动过渡的组织有很大的意义。然而，在以数据为业务的"原生数据"公司中，首席数据官有不同的要求。加特纳（Gartner）在关于四种首席数据官体制的一份报告中指出，该职位在数据公司中至关重要。任何人都可以证明，在这样的公司里，首席数据官和总裁同职是明智的。我们无法预测一家大公司的前途，但我们可以肯定的是，它将由数据驱动。

结论

首席数据官是数据与人工智能之旅的卫士。如此来看，该职位的任期是暂时的，与首席转型官或首席数字官一样。当行程到达终点，数据得到策略资产的地位，并相应地得到管理。在行程的开端，该主管的主要职责之一是充当改变动因。在数据驱动的公司里，数据管理和数据创造价值在组织范围内已成为日常工作（business as usually）。因此，在数据成熟的组织里，首席数据官也许相对低调一些（但肯定不是不重要）。

虽然这种姿态的变迁可能多被视为有点戏剧性的"首席数据官的兴衰"，但实际上，它是对破坏性组织变革的合理反应。首席数据官不会消失，但其职务的演变是难免的。在开始的时候，他们被授命负责与数据和相应创造价值有关的所有事务；在成熟的数据驱动公司里，他们的职责重点在数据管理方面：管理策略资产。同时，使用策略资产来创造价值的任务被分配给组织中的相关部门，以实现最大规模的利益创造。

迈向数据驱动过程中的常见错误

在过去的十余年中，我很幸运参加了一家科技公司的数字化转型，该公司要向数据驱动型企业过渡。在此期间，我们承担了各种各样的项目，其中大部分取得了成功，这无疑使我们更接近数据转换的目标，即作为决策和创值的主要来源。然而，在这个过程中不可避免的失误，多少减缓了行程的速度。我想强调一下我认为重要的错误，作为经验教训供将来的其他类似倡议借鉴：

（1）被技术蒙蔽。新的大数据与人工智能技术有很高的迷惑力，尤其对热衷于技术的人来说。当一个数据驱动项目启动时，首先要考虑是构建什么大数据平台或使用哪个人工智能算法——越复杂越好。然而，这很像从屋顶往下盖房子。首先，必不可少的是清楚所需解决的业务问题，弄清需要调用的相关数据，并确保数据有足够高的质量。当数据井然有序，你就可以开始分析它来解决业务问题。值得注意的是，最新的技术并不总是都是实现这一点的基本条件。有时，简单的 Excel 电子表格或 SQL 数据库足以作为起点。在某一时刻，当数据量更大、问题更复杂，大数据与人工智能技术肯定会起作用。说起充分利用数据，这些技术极为重要。

（2）不保护外部平台提供的服务中的数据。现在，托管在云中的外部平台提供越来越多的数字服务（电子商务工具、金融服务、物流等）。一个常常出现的错误是，在与这些供应商签订商务协定时，忘记包含确保由服务生成的数据属于客户公司的条款，同时供应商将通过应用程序编程接口（API）或类似机制提供数据，以便可以在内部使用。如果没有这样的合同协议，随后访问数据和获得使用权可能非常困难。数据所有权问题不容有不同的诠释。

（3）将洞察力生成集中在一个部门。一个常见的错误是把专业知识中心（比如，商务智能或大数据功能）指定为负责分析公司数据和获得业务洞察力的唯一团体。这些中心通常有数据分析专家；但是没有业务背景，获得有关见解是不可能的。见解的产生应该是贯穿整个公司的工程。也就是说，它必须与各种业务线相互交叉和交织。任何机体——无论是业务、人力资源、产品营销等——必须拥有工具和知识来访问数据、分析数据和导出结论，以便随时做出最佳决定。显然，商务智能和大数据专家必须使用他们的数据分析技术和算法的知识来支持该工程，但这必须是共同努力的项目。为此，把大数据与人工智能专家安置在公司的业务部门是有意义的，这便于协作并帮助改变企业文化。

（4）滥用黑盒算法。另一个常见的错误是盲目相信所谓黑盒算法的结果，即内部运作难以观察或理解的非常复杂系统，即使是设计该系统的数据科学家也会被难住。多亏数学、计算程序提供了快速的途径来查出那些客户可能会放弃的品牌（流失者）或者倾向于购买的产品和服务。然而，在许多场合，知道算法的结果和知道它如何运作同样重要。就放弃品牌者来说，不仅有必要知道谁最有可能将他们的业务转到别处，而且有必要知道放弃的原因。懂得算法的推理，组织在以数据为基础的决策中更有把握，就如何根据算法结果来行动做出更具体的决策。对于可能转移业务的客户，组织能够知道采取什么措施来留住他们。例如，在电信空间，重要的是了解顾客是否有过时的手机，服务项目是否合意，是否有线路的技术问题。

把业务转为数据驱动的运营是漫长而复杂的过程，尤其对大公司来说。如前文提到，错误难免，但重要的是从中吸取教训。当然，前车之鉴能更好和更有效地避免自己犯错误。

第二章

数据和信息技术——它们怎样共存

与数据有关的许多事情涉及信息技术。数据创值需要系统、平台、开发、运行和安全，通常都属于信息技术领域。然而，数据需要特别的技术，技术需要特别的人才和技能。因此，在哪里安置这些业务对很多组织来说确非易事。在前一章，我们讨论了哪种业务可作为首席数据官"宿主"的方案。结论是，该主管的最好安置点是其横贯组织和对组织有很大的作用。例如，排在首席运营官、首席转型官或首席数字官之下。岗位安排是组织的重要决定，然而无论首席数据官的位置在哪里，其总是需要与信息技术主管（通常是与首席信息官）进行广泛的合作。所以，从关系方面来看，数据和信息技术之间什么样的关系最佳？

数据和信息技术各种编制的利弊

让我们来剖析在组织中安置数据和信息技术可选择方案。我们将看到不同方案各有利弊。处于"绿色开发区"的组织——从头开始制订策略和建立体系结构——有机会根据自己的具体状况权衡所有选择来决定最好的编制。然而，许多组织已具有一定的体系，可能无法抉择最好的方案，但还是可明确地采用次优选项。

在图 2-1 中，数据（部门）向信息技术（部门）报告，反映了它强大

的技术基础。在数据行程的初期，这是一个好的选择，因为没有技术就无
法启动数据；但是它缺少用数据引领的业务。由于这个原因，已处于数据
行程中的许多组织现在不采用这一编制。它们认识到数据的价值必须由业
务的需求来推动。

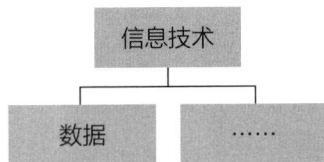

图 2-1　数据上报给信息技术，反映了庞大的技术数据成分

图 2-2 显示了一个不同的编制，数据和信息技术机构分别向不同的主
管汇报。例如，数据也许向营销部门报告，而信息技术直属首席信息官。
在设有该编制的组织中，两个机构的关系一般是"客户 – 供应商"的互动。
这一体制经常招致问题。数据相对来说还是一个较新的区域，因此需要经
常与信息技术打交道，比如，安装新软件（资料库）、修改许可、安装更
新，等等。客户 – 供应商的安排通过需求 – 管理系统交互，受约于合同服
务级别协议（SLA），虽然足以胜任商品信息技术程序，但不适用于快速发
展的技术，简单的事情要花数周才能完成。基于这一状况，加特纳为信息
技术推出了双模态方案。此外，由于分离结构，数据和信息技术之间尚未
解决的冲突需要复杂的升级处理过程，有时最终移交给执行委员会。这给
敏捷造成巨大障碍，而敏捷在设立新的数据机构时是非常关键的。

图 2-2　数据和信息技术是独立的，汇报组织的不同部分

在图 2-3 中，数据和信息技术两者直接向同一经理汇报。这种体系结

构的好处表现在设计的联合和协调；如果出现问题，升级处理简单，为快速解决提供了场所。不受过往决策和体系束缚的组织（绿地开发区）也许会选择这一方案。

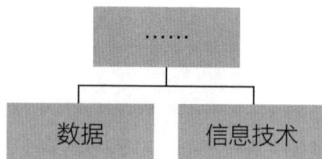

图2-3　数据和信息技术向同一主体汇报

在图2-4中，数据和信息技术隶属不同的上级，但信息技术设有专注于数据的专门团队。为了加强这焦点，该团队和数据机构之间可以引入虚报告线。这种结构有如下优点：

● 数据机构得到信息技术机构提供的良好服务，因为在正常情况下，数据不必与其他信息技术优先事项竞争。

● 它确保数据使用的技术与信息技术的策略选择排成直线。

● 大的信息技术机构里的数据人员可以参加培训，轮换到其他有趣的信息技术项目，等等。

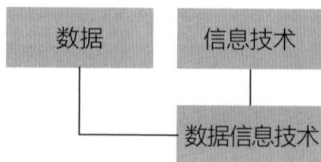

图2-4　数据和信息技术报告到不同的组织，但信息技术有一个专用于数据的特定

区域，可能有矩阵式管理路径报告到数据

这种结构的弱点是，信息技术持有的标准、认可的技术有时也许不适应数据空间中快速变化的技术。此外，信息技术的数据人员也将面临挑战。

他们是以数据还是信息技术为目标？或者，两者兼而有之？当大的信息技术机构受到压力，情况会怎么样？它是否仍然注重数据的优先事项，但是并未充分表达其更广泛的目标？此外，信息技术里的数据人员也许有被双重领导的感觉：数据上司指定他们日常事务的先后次序，"行政"信息技术上司决定他们奖金的多少。如果信息技术和数据两机构关系融洽，不会有问题。令人遗憾的是，在实践中，现实并非总是尽如人意。有助于这编制切实可行的关键因素之一是数据和信息技术的数据组设在同一工作地点。虽然这样的安排解决不了人事问题，但它的确创造了同属一个团队的气氛，从而有助于缓和以上棘手问题。

图 2-5 显示了另一结构，数据和信息技术仍然隶属不同的上级（见图2-4），但是数据设立自己的信息技术组，该组和信息技术机构可能用虚报告线连接。这样的安排除了具有 2-4 模式的优点外，还可以解决困扰 2-4模式的一些问题。尤其，数据机构里的信息技术团队对谁是上司和由谁决定奖金一清二楚。短处是有脱节的风险，即数据使用的技术和信息技术的正式技术标准不相连。此外，数据机构的信息技术人员很难轮换到其他有趣的信息技术项目，因为他们在行政上不属于信息技术机构。虚线连接在一定程度上矫正了这些问题，但是它们仍需慎重处理。

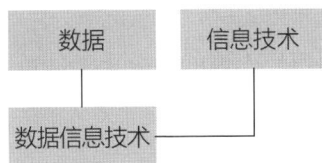

图 2-5　数据和信息技术向不同的组织报告，但数据有它自己的信息技术区域，可能有一个信息技术的矩阵式管理路径

结论

建立数据机构和信息技术机构之间的隶属、相互作用和合作关系有很多方法。虽然有些公认的最佳实践（不可否认，也有"最差"实践），但无一最佳实践适用于所有组织。它们互不相同。受现有体系的束缚，许多组织不能随意做出称心如意的决定，即使这一决定可能是最好的抉择。一个比较好的做法是，衡量本章所述的不同方案，然后根据利弊做出明确的决定。其中一个重要的学识是，清楚已选方案的缺点，以便对其进行确实的管理以防止它们变成更大的问题。

多学科团队的恰当管理是数据和分析项目成功的关键

实施一个数据和分析项目可与拍摄电影相比，要创作一部出色的影片，众多角色必须恰到好处地协调。因此，确保这些项目成功的重要任务之一是，知道如何恰当地管理它们的复杂性。这从来不是容易的任务，因为它牵涉多学科和多部门，比如，业务知识、算法和数学、技术架构和软件工程、管控运营流程、法律等。

按照这种方法，这类项目不可能由公司里的单一职能或单一机构推动。较为可取的方法是，项目至少包含一个业务单位、数据和分析（D&A）和信息技术机构。依项目的规模和复杂性而定，它可能还涉及其他职能，比如法律、管控运营流程、顾客服务渠道等。由此看来，重要的是确保这些不同却相辅相成的机构密切合作。其实，这些项目采用典型的客户－供应商关系模式是一个常见的错误。经验表明，这种方法往往会巩固孤岛和职能机构之间的边界，阻挠为取得最好项目结果所需的多门学科的紧密合作。

因此，取得成功和增加价值的一些要诀都以所有"影片中的演员"共同、良好的配合为基础。组成多学科项目团队，它的成员来自有共同业务目标的机构。尤其难能可贵的是，这样的团队是一个不同专长的混合型队伍，拥有来自不同职位、不同专业背景的人员。队员倾向于把通常讲不同语言而且彼此不太理解的机构联合在一起。

另外，为项目管控制定明确的步骤很重要。这样的规则从一开始就适用所有有关的机构，尽管每个机构在项目的各阶段起不同的作用，并且领导会随阶段的不同在它们之间调换。

当然，谈到数据和分析，为项目建立结果－度量－监控系统是可取的。所有成员和他们的经理有共用和明确的指标，这样，团队的业绩和效果能得到监测。

第三章
人工智能隶属数据机构或是独立的

在前一章，我们讲到数据和信息技术如何相关和如何安排它们之间的体制关系。在本章中，我们将看到数据与其他相近机构密切相连，并讨论各种体制安排的方案。

从2011年开始，大数据被大规模地应用于商业组织；当时麦肯锡全球研究所（McKinsey Global Institute）撰写了有重大影响的报告《大数据：下一个创新前沿，竞争和生产力》（*Big Data: The Next Frontier for Innovation, Competition, and Productivity*）。在2017年，它发表了一份关于基于大数据的分析的类似报告。该智库的第三份报告，也在2017年发表，剖析人工智能的冲击力。与这些技术对应的、逐步进入的新商业模式当今反射在组织如何设立有关机构上。

首席数据官是第一个进入公司的新职能岗位，其所在机构主要职责是一个结合体：建立大数据平台和进行某种数据分析以交付看法和应用实例。几年后又任命了首席分析官（CAO），甚至也有首席数据和分析官（CDAO）的综合职位。随着人工智能的兴起，现在也有很多的首席人工智能官（CAIO）。

已经在数据与人工智能行程中的组织，还有准备启程的组织，可能正在琢磨如何安置所有这些不同的机构，以及它们之间的关系和报告线应当是什么。这要视组织的状况而定——从头开始或已在行程中，决定会有所不同。但是，基本概念和原则还是相同的。本章将解释这些相同基点。

考虑设置数据、分析和与人工智能相连的机构

首先，数据是分析的基础，而这也正在激发许多人工智能的应用。的确，在今天的商业活动中，占主导地位的人工智能范例是数据驱动的人工智能，也称为机器学习。在输入大量的历史数据后，机器学习输出程序或模型。例如，输出品能够预测什么事将会发生，或根据模型中的新数据进行分类。它也许用来确定哪些顾客将转移到竞争对手，工厂里哪些组件会出故障，推荐什么电影，或者某些特定病患者是否患有另一种疾病。由此看来，机器学习依赖优质数据的可得性。

人工智能的范围比机器学习要广。它的范畴包括自然语言处理（NLP）、知识表示和推理、计划制订和机器人。在过去几年中，由于机器学习，以上的一些领域都取得了突破，但是它们不仅仅与机器学习有关。

对于机器学习类型的人工智能来说，重要的是人工智能机构与数据机构（首席数据官）之间的距离不应该太长，尤其在数据行程的初期，频繁互动很有必要。从这一角度讲，上一章讨论的关于数据和信息技术间的体系关系的原理，也可用于如何安置数据、分析和人工智能。这意味着这三个机构应该向同一高级主管汇报，更可取的是它们有共同的直接经理。理由很简单：如果这些机构之间出现分歧，升级处理过程就会直接和迅速，解决问题的速度也会加快。反过来，当数据、分析和人工智能向不同的高级主管汇报，易出问题，甚至失败。不同的高级主管可能有不同的实际目标。有时，对首席营销官必不可少的事情，也许对首席信息官来说并不那么重要。相应地，各机构的事项各有轻重缓急，由此它们之间会不同步。解决此类问题需要将其直接递送董事会作升级处理，这不但消耗时间和精力，挫败感也随之而来，耽误数字化转型的进展。

当然，如果人工智能机构的焦点不在机器学习，而在另外非数据密集区域，那么它隶属于一个独立的机构不会带来不良的影响，因为相互作用较弱。不过，一旦数据开始成为主要的推动力，这些机构就应该联结起来。

这三个机构应该紧密联结在一起的另一理由是，在商业世界中，这些技术还是相对比较新的，组织缺乏三者如何配合工作的经验。按此，每个机构的工作失误需要回溯到早期所做的决定，而逆时追踪对它早期向其余机构交流了什么内容有影响。

涉及数据成熟度的关系

对许多决策来说，一个组织的数据成熟度是做出适当决策的重要因素。换句话说，根据组织数据成熟程度的高低，某些决定可能更加重要或次要。就不太成熟的组织而言——那些近来才踏上行程，人工智能和数据机构紧密结合至关重要。然而，就较为成熟并有丰富经验的组织而言，紧密结合不是大问题。数据成熟的组织有数据管理和治理的基础设施，从而保证数据的质量和频率。如果数据质量优秀，人工智能和分析机构可以独立运营。在数据不成熟的组织里，保证数据可得性和质量的流程还不完善，因此需要快速、灵活的协作来取得成效。

需要数据科学家还是数据工程师

伴随着大数据的兴起，数据科学家被称为21世纪最有魅力的职业。这一发展激发了许多数据专业人员将自己描述为数据科学家，同时也促使组织聘用大量的数据科学家来加强他们的数据团队。然而，事实上，数据项目中的大部分工作都集中在访问和理解数据并核准其质量上，只有少部分涉及分析或机器学习。这是过去几年组织整体数据成熟度很低的必然结果。只有当把数据完全作为资产来管理，才能够把全部的注意力集中在使用分析和机器学习创造价值上。但是，目前能达到这一步的组织（主要是大型科技公司）只占很小的比例。如此，当下潮流导致许多被录用为数据科学家的专业人员从事访问和操纵数据，只是为数据缘故而不是为了创造价值，结果自然让人遗憾。

我们从中得到的教训是，在实践中，组织应该适量录用数据工程师和数据科学家。在数据行程的初期，数据工程师的人数应该比数据科学家要多；随着数据成熟度的升高，人员安排可有所倾斜并有利于数据科学家，但是不宜太早！

以下现象对不同数据机构内的团队也有重要的影响。就刚开始数据与人工智能行程的组织而言，一个错误是分立数据和分析机构或人工智能机构。数据机构会尽最大的努力收集、储存、整理和准备好数据；但在行程的初期，这样的流程可能要花很长的时间，而且得到的数据质量令人失望。如此情况会给数据分析或人工智能团队带来烦恼：他们等待数据，一旦收到发现数据存在很多问题，必须返回数据机构。在组织的体系中，各机构之间的距离越远，烦恼越多，从而对机构间的合作产生消极影响。正如前一章所讨论，理想的解决方案是这些机构均向同线的经理汇报。如果这样安排不可能的话，我们提出的其他建议方案也是恰当的，比如同一工作地点或虚线报告。

结论

如何安置各个数据机构取决于组织在其数据行程中所处的阶段。尤其在早期阶段，尽可能缩短它们之间的距离很重要。数据成熟的组织对在何处安置不同的团队灵活得多，因为数据已成为常规运营流程的一部分。把机构间的联合视为"合伙人"，而不是"客户－供应者"关系，总是恰当的。

人工智能和大数据是否应该附属于同一部门

如果人们在 5 年前提出这个问题，它不得不表述为"机器学习和大数据是否应该附属于同一部门"，因为那时只有少数人关注人工智能。在多数情况下，它的答案会是："它们是相同的，对吧？"

它们当然不相同！机器学习和人工智能处理数学模型是从数据集中导出模式。大数据把体量大的数据集准备好以供关键人物在关键时候使用，不只是为人工智能，而且为公司执行某种数据分析的任何业务。

既然如此，为什么它们应属同一部门？因为技能在原则上完全不一样：数学家与数据架构专家相对。在公司里，提供大数据的经典解决方法是开发所谓的数据湖。数据湖包含数据科学家和人工智能专业人员在工作上需要的所有信息。他们没有必要关注数据处理的细节。在大数据的"本领"之下，数据经过整理、格式化、保护和准备以供高速处理：Hadoop、Spark、NoSQL。许多公司实施了这种体制模式，它被认为是最佳的模式。

现在，让我们设想一家大银行的一个人工智能项目，它的目标是分析所有法律文件并提取这些需要后继行动的重要条款。这类数据可能还没有上传到数据湖。在这种情况下，我们需要用到大数据机构，解释项目、数据源和我们将如何访问数据。然后，在典型的项目阶段中，我们需要再与大数据打交道，比如数据探索、数据预处理、培训和实施。他们需要调整原有的架构以便胜任对成千上万的合同进行文字处理。

人工智能项目有两个缠结的特征——新颖和创造力，使它们很难融入企业的数据湖。新问题会要求新形式的数据，不落入数据湖最初的预料范围。如果人工智能工程师需要通过许多行政步骤来做基本上是科学研究的工作，即许多的反复试验，那么创造力会被扼杀。准确说，数据湖是非常好的处理手段，体现好的实践，因此不应放弃。但它不是新颖的人工智能项目的最佳平台。

折中方案是为人工智能去设立与云类似的自助基础设施，可以独立地上传和处理数据。人工智能团队应该包含具有很强的人工智能和数据架构双重技能的人员。这并不稀奇，因为他们经常遇到这类问题。另外，他们应该受一定规则的管束。例如，银行合同不能移到外部云，必须预先制定规则以维护其机密性。最后，必须有明确的步骤把结果高效率地转到生产环境。

这与工业中的许多研究和发展机构的做法很相似：他们能经常使用小型生产设施来开发和测试新产品，而没有妨碍正在运转中的生产流程。只有当新产品准备完毕，现有的生产设施才得到改装、测试和接纳该产品。

第四章
怎样衡量数据成熟度

我们已经看到，许多组织已经开始了它们的行程，迈向数据驱动升级，取得更好的位置来做出自动化、智能的决定。但是，这行程是复杂的过程，有几个中间阶段。尽管在什么样的阶段和它们有什么样的活动相对来说比较清楚（图 4-1），就激发分析和人工智能的目的而言，如何估计一个组织的整体数据成熟度却不太清楚。

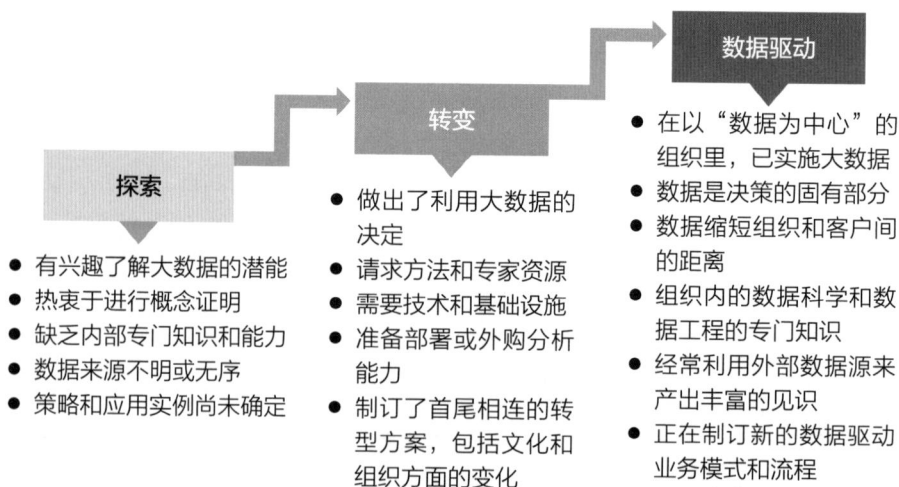

探索

- 有兴趣了解大数据的潜能
- 热衷于进行概念证明
- 缺乏内部专门知识和能力
- 数据来源不明或无序
- 策略和应用实例尚未确定

转变

- 做出了利用大数据的决定
- 请求方法和专家资源
- 需要技术和基础设施
- 准备部署或外购分析能力
- 制订了首尾相连的转型方案，包括文化和组织方面的变化

数据驱动

- 在以"数据为中心"的组织里，已实施大数据
- 数据是决策的固有部分
- 数据缩短组织和客户间的距离
- 组织内的数据科学和数据工程的专门知识
- 经常利用外部数据源来产出丰富的见识
- 正在制订新的数据驱动业务模式和流程

图 4-1　迈向数据驱动型组织的典型数据行程的阶段

数据成熟度的层面

的确，衡量组织的数据成熟度是多维活动，涉及各种各样的区域。在本章中，我们列举这些有关的方面，并解释如何估计各方面的进展。图4-2给出了这些方面的纵览。下文我们将举例来讲解高低成熟度的含义。

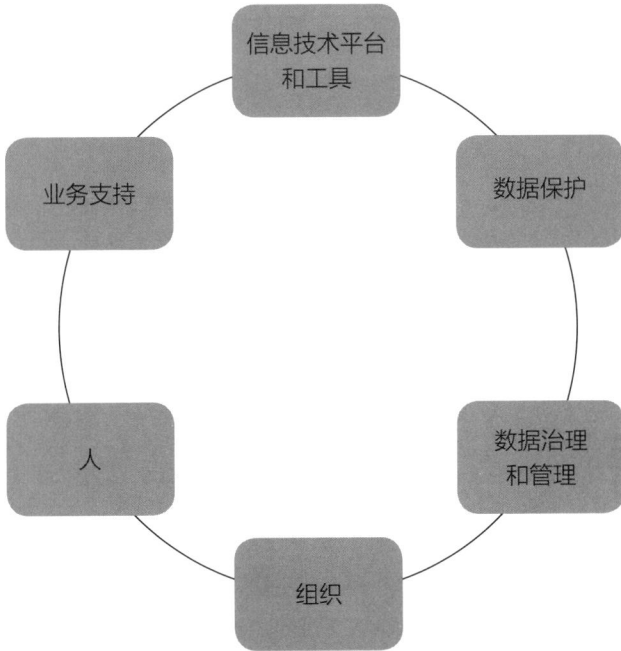

图 4-2　衡量组织数据成熟度的维度

信息技术、平台和工具

任何希望利用数据与人工智能做点事情的组织都需要平台（platform），并在那里储存和访问数据。初期，不成熟的组织可能没有任何平台（在云中或在组织内部）作为起点，也没有特别的策略。反过来，成熟的组织会有明确的策略，在如何支持分析和人工智能所需的数据的所有方面。该策略会包括系统在哪里运行，内部、云中，还是两者混合。它会描述大数据软件堆栈的基准架构、安全访问数据的应用程序编程接口（API）等。还有，它会包括面向整个组织用户的分析、数据可视化和数据质量工具。成熟的组织通过自动化大多数日常操作平台和工具的步骤，尽可能减少人工干预。最后，成熟的公司为以上事务专设预算，并绘制出数据线路图，列出将包含的新功能和新数据源。

数据保护

数据保护指确保组织数据的隐私和安全，它是数据治理的一部分，因为它的重要性，常被单独考虑。受欧盟《通用数据保护条例》（GDPR）影响，许多组织意识到保护客户个人数据隐私的重要性。然而，对大多数组织来说，在 GDPR 的各个方面合规仍然是一大挑战。由于该条例设置了高标准，我们可以说完全符合 GDPR 规范的组织的数据保护意识已经相当成熟。此外，数据成熟的组织使用各种隐私增强技术，如加密、匿名化和假名化，以及差分隐私等，以降低泄露个人信息的风险。在安全方面，除了用于安全数据存储、传输、访问和公布的技术处理方法以外，成熟的组织还制定条理清楚的政策，规定谁可以访问什么类型的数据，特别关注那些具有管理权限的人员，他们可能有权访问所有数据、加密和散列密钥。

数据治理和管理

这一领域衡量数据作为资产的管理状况。几乎所有在数据行程中走过一段时间的组织都会认识到，一些关键的问题涉及获取高质量数据、理解所有数据字段的含义，以及了解其来源（数据血统）。把数据作为资产来管理包括以下任务：拥有最新的记录所有数据源的目录、数据字典，以及包含数据质量和血统的基础数据管理工具。但是，它还与流程、所有权和管理责任有关。数据源一般有一个负责数据生产的人，这些数据来自运营结果——也许是销售点（POS）设备的支付数据，或直接的数据收集。一个数据管理员日常监督数据，范围涵盖从可得性、质量到更新。认真地对待数据的组织往往会设立"数据管理办公室"，作为卓越中心为组织中的各个利益相关者提供咨询服务。先进的组织不但管理他们的数据，还管理他们的分析模型——贯穿整个周期。他们也会考虑外部数据，无论是购买还是从开放数据中获得，以增加价值潜力机会。同时，最成熟的组织对开放数据有明确的政策，阐明如何管理开放数据（许可、义务和更新等）；还有，在什么时候和什么情况下私人数据可以公开作为开放数据，以及使用什么许可证（参见第九章）。

编制

编制方面涉及在公司内如何安置数据专业人员。是否设有单立的机构，比如首席数据官？就岗位和总裁的距离（CEO-1、CEO-2、CEO-3）而言，该职位的权力有多大？或者，数据专业人员是否分散在不同的机体中，比如信息技术、营销和财务机构？数据团队的职能是什么？作为卓越中心，还是作为操作中心负责公司日常的所有数据运行？此外，数据专业人员与其他业务线的连接情况如何？是否存在公司范围的"数据理事会"，在此数据领导和业务领导可以互通、讨论和做出决定，使业务和数据两者的优先顺序保持一致？是否有数据民主化的举措，把数据的可用性从数据专业人员延伸到业务人员？随后，卷入的邻接层人员如何从数据中创造价值（参见第十七章）？

人力资源

人力资源方面的问题是数据驱动转型中至关重要的资源，用于获取和留住技能和人才。一个候选人是否脱颖而出，或者是否存在特定焦点，是否反映了就业市场上人才紧缺？如果招聘难以实现，是否有培训和提高现有职员技能的计划？人才定义的精细程度如何？应该识别不同的骨干角色，包括数据科学家（分析和机器学习）、数据工程师（数据预处理和清理）、数据架构设计师（平台的架构设计）、数据"译员"和人工智能工程师。

业务的实现

最后是业务方面，即真正价值创造之处，但它的可行性依赖其他所有方面。成熟的组织有综合性的数据策略，围绕本章讨论的六个方面策划计划和目标。也有清楚的展望：为了达到目标需要投入多少资金来支持每个方面。还有，数据成熟的组织有清晰的视野：哪些应用实例可行，期望的益处是什么（参见第六章）。再者，这些组织评估用例的经济影响（参见第七章），并以一致的方式在公司层面报告结果，以确保对数据投资所产生的价值有清楚的了解。这点对继续投资数据极其重要。

最后，除了在内部应用数据与人工智能优化业务外，数据成熟的组织会寻找与数据相关的新商机。一条可行的途径是利用公司数据中产生的、被认为对其他行业和工业有作用的见解。例如，移动天线产生的移动数据总是以匿名和汇总的形式，并与外部数据结合，对交通运输业、零售业和旅游业很有价值（参见第五章）。新的商机也可能来自与其他行业公司的合作，通过结合各方数据来获得独特见解。此外，数据与人工智能可用来实现社会利益，即服务于社会的目标，比如联合国可持续发展目标（参见第二十一章）。

怎样进行数据成熟度的评定

进行数据成熟度评定的一个方法是，为每个方面列出一组问题，每个问题提供从 1 到 5 的预设回答选项，1 表示最低成熟度，5 表示最高成熟度。需要做的调查表可能不到 100 个。填写调查表可以采用面谈或自我评估的方式。也可以在后续会议上，对自我评估的结果进行质询和评分调整。把每一方面所有问题的得分汇总，最终计算整体数据成熟度得分。如果处理得当，这类评估是管理组织的数据成熟度的强有力工具，它体现了基于数据驱动的方式来管理企业的理念。它便于组织确定目标，实时追踪进展，按轻重缓急进行数据投资，比较基准不同部门之间的差异，尤其在跨国公司里更为适用。不过，落实这类评估并能够持续，需要相当多的纪律和步骤的支持。

结论

根据我的经验，没有多少组织会系统地衡量它们的数据成熟度。这是可以理解的，因为它并不是轻易实现的操作。他们相信，随着数据旅程的推进，其数据成熟度也随之提高。然而，我们将在后续章节中探讨，做出恰当的数据决策通常取决于一个组织的数据成熟度，因此准确评估成熟度有助于理解和论证为什么一个方案比其他方案更可取。

漫长而曲折的数据成熟道路

数据成熟不是状态，而是过程。只要这过程有活动，数据成熟的旅程就要继续。在某种程度上，它与幸福相似：如果人们行事不再妥当或不再持正确的态度，幸福就会消失。

我见过这样的大组织，虽然有好的数据文化，但是大部分客观的成功条件退化，因此在行程中难免失利。我也看到机敏的新企业从一开始做事就恰当。

像幸福一样，数据成熟是人人渴望的事，但很难定义。

尽管如此，我想我能说它不是什么。

数据成熟不是花几百万元购置最新技术来建造庞大又稳固的数据平台，也不是拥有数百名数据架构设计师、项目经理、数据科学家或机器学习工程师，他们个人的履历包含让人难以容忍的自夸内容而其实从未完全交付的项目。此外，它一定不只是涉及设立数据管控委员会、控制和管理数据风险和合规问题。

虽然经费开支和职员数量是组成部分，两者却都不能单独成为成功的诀窍。

虽然大多数专家会对诸如拥有大量数据之类的事情跷大拇指，对其他方面意见却不太一致，比如团队人才、建造或购买策略、体制或层次设立。

或者，数据成熟可以通过其效应来判断。例如：

● 核心业务是关于数据，数据是业务的基本原材料。

● 业务不是数据原生的，而是在数据驱动的决定上继续运营，其后盾是贯穿各职能并嵌入不断自动化业务流程中的高级分析和机器学习。

● 数据一致和丰富：组织有丰富的数据，在它最细粒的层面上，只有一个版本。虽然各职能机体以不同的方式使用数据，它们均有共同的、可追溯的数据原种。

● 数据和见解主要由公司职员自行处理。

● 利用以行为模式和旅途为基础的预测及原因分析来设计和实施面向客户的活动。

● 将数据转成有用知识的过程要遵照共同的质量标准，只有这样，组织才能够定期进行评估。

● 设有专门机构，负责端到端数据价值链，从保证它的获取、可用性和质量，到机器学习的结果，与相应的经营流程完全融成一体，并通过设计嵌入隐私和安全保护措施。

第 ⑤ 章
数据的外部货币化

追求数据驱动升级的大多数组织在开始它们的数据行程时以内部应用为目标，称为内部应用实例（参见第六章）。这是初期大部分价值出产之处。还有，在一个熟悉的业务区域里应用新技术比在新的业务区容易。然而，这并不意味着在取得真正的价值之前无须克服困难，这点可以从本书许多章节中得到证实。不过，一旦内部应用实例运转起来，组织会达到有意义的数据成熟水平（参见第四章），在此，它们可以随时考虑后续步骤：外部货币化。

直到 2020 年，这种新生意只对为数不多的创新公司切实可行。但随后，在 2020 年 2 月，欧盟委员会发布了《数据策略》，推出欧洲数据空间的概念。其中大部分是从多样来源（公司、政府实体）收集数据的。以行业为主的数据空间存储库，便于新产品和新服务的生成，面向商业和公共管理。因此，我们期待"外部货币化"这样的概念在未来的几年中变得越加清晰。

新的价值建议

内部应用实例能够超过提高功效的范围，而外部货币化能够开辟全新的财源，切实增加收入。作为正常业务运营的一部分，许多公司会产出体量巨大的数据。银行产生支付交易数据，电信公司产生移动性、客流量和社交图数据，公用事业公司产生能源消耗数据，超市产生食品杂货价格和消费数据，保险公司产生关于医院业绩、交通事故和盗窃数据，航空公司产生移动数据。如果一家公司占有可观的市场份额，它的数据可用来提取有用的结论，有助于改善其他企业或政府机构的业绩。

例如，从电信公司得到的结论可用来优化大城市的交通流量，或更清楚地明白强迫迁移模式。支付交易数据可用来绘制国内社会经济地位的详细图。能源消耗数据可用来预测人们何时在家以方便电子商务商品的最后一千米交付。医院业绩的数据可用来提高医疗保健系统的质量和效率。

尽管总的价值仍然很小，但这类外部货币化仍然是巨大的战略机会。对组织来说，把这机会与将来的策略一起考虑是明智之举。不过，在开始这一尝试之前，公司必须战胜几个挑战，这也许是总的价值比较小的原因。

挑战

第一个挑战是我们已经提到的足够的数据成熟度。它包括数据质量、数据治理、数据技能、数据保护和安全，等等。如前所述，对于那些已经在内部应用实例中大规模地使用数据的组织，很可能有足够的成熟度来开始外部货币化。

第二个挑战与隐私有关。大部分数据（尽管不是全部）由客户来生成，如此被视为个人数据。该数据受种种数据保护法的保护。在欧洲，自 2018 年 5 月以来，《通用数据保护条例》给予公民各种新的数据权利。需要明确和告知同意被认为是《通用数据保护条例》的一支柱。在大部分外部货币化的方案里，使用的不是个人数据，而是已匿名和聚合的数据，因此不受《通用数据保护条例》的限制。但是，依照《通用数据保护条例》严格的匿名数据标准，过去接受为匿名化数据的一部分会被视为个人数据。因此，这绝不是琐事，组织应该执行这样的匿名和聚合程序以确保所得的数据在法律上不视为个人数据。

第三个挑战与名誉有关。即使结论从匿名数据中导出，每件事在法律上没有问题，许多组织依然担忧它们在外部用数据做的一切事会产生负面的影响。的确，数据丑闻很多，阻碍了机会的发展，也阻碍了许多潜在的积极作用在商业、经济和生活方面得到发挥。使用匿名数据导出的结论完全不同于为广告而使用的客户情况汇集，但普通的消费者无法区分两者。甚至新闻大众传播媒介也很难向社会解释这一区别。脸书/剑桥分析（Facebook/Cambridge Analytica）丑闻对本行业造成了很大损害，此事涉及美国总统候选人特朗普的顾问在 2016 年竞选活动中滥用数百万脸书（Facebook）用户的数据。

尽管会有这些挑战，公司已决定从它们的数据资产中创造新的价值。在下一节，我们将讨论这些组织会遇到的主要问题中的一部分，以及如何解决这些问题的方法。

怎样实施外部货币化策略

是否设新机构

首先出现的决定之一是，外部货币化活动是否需要设立新的机构，或者由现有的大数据机构来经营。人们都认为，它应当由已经建立的专业知识中心来管理。原材料不是一样吗？平台投资已做出，数据治理模式已确保数据质量，技能已具备，不就是聘用更多的同样专业人员的问题了吗？

综上所述的确正确，但是其他条件却指向需要设置新的东西。表 5-1列出两种方案优劣的分析。

表 5-1　利弊分析：现有大数据机构还是新机构经营外部货币化

比较项目	现有大数据机构		新业务单位	
	利	弊	利	弊
平台	无附加费用	为外部用例改装	为外部用例建立	附加费用
技能	团队在位	没有业务人员	企业对企业人才	
预算	利用现有投资	盈亏和花费中心混合	清白盈亏	部分重复投资
人事	看重现有数据专业人员			忽略现有专业人员
创新		运营与创新混合	边缘创新	若干重复
服务级别协议		内部服务等级协议（SLA）不胜任外部客户	客户为主的 SLA	
数据治理	在位			重新制订
隐私	在位	仅供内部使用	为数据外部使用特设	
索数据源	在位	专注于内部用例	为外部使用专索数据源	部分重复

这里没有"一刀切"的答案。但是，从各方面考虑，在外部货币化开始初期，把它作为现有大数据运作的一部分很有道理。首先，关于转换，在我们能够设想将什么产品投入市场之前，必须具备一些基本的数据能力。

作为内部应用实例，大部分必备要求已经满足，可以直接采用。其次，现有的大数据机构可能很乐意承担这一新的、策略性责任。在该机构里，建立由新聘人员组成的小队，这些小队着重于这些不被内部使用能力覆盖的外部应用实例的方面。一旦有了用于测试市场的想法和原型，现有的基础设施将足以胜任，因为早期采用者会从试验项目和非核心区域开始。如此，内部的服务级别协议也可暂时保持不变。

当外部货币化业务已为第一批客户提供服务并开始发展，这正是把该分支脱离出来组建为新的单元——一个机构或一家新公司的好时机。这一步需要进行精辟分析，确定什么可以依靠原所属机构，什么需要从头开始建造。这一步可能需要可观的投资，但是已经在运作的业务可以支撑这些投资。

数据、见识或者是业务处理手段

另一重要问题是，到底什么会被货币化。它是匿名数据吗（照此：通过适当的处理除去所有可识别个人的信息）？它是已具有商业价值的结论吗？或者，它是解决客户问题的端到端、基于数据的解决方法吗？从数据到结论到处理手段，我们沿着数据价值链路往上走。数据能用来生出许多不同的结论；但是达到结论的获取，需要对数据进行进一步分析和与业务知识相结合。想想从移动天线收集到的匿名和聚合打电话数据，从它可以算出许多不同的事件，比如人流量信息。数据结论有内在价值，并且为某一业务专有。例如，继续以移动天线为例，我们可以推算出移动模式，由此提供关于人群如何在某一地区活动的结论，比方说大城市。这种结论可以协助优化公共交通系统。业务处理手段沿价值链路更进一步，解决特定问题。例如，如果把移动数据结论与公共汽车或铁路公司的第一方数据相结合，有助于为规划城市公共交通系统提供解决方案。

大体上，位于数据价值链的低端，供应价格低。但从客户的角度看，所创造的价值也低。或者，数据价值链越往上，创造的商务价值越多，但是供应价格也会提高，如图 5-1 所示。

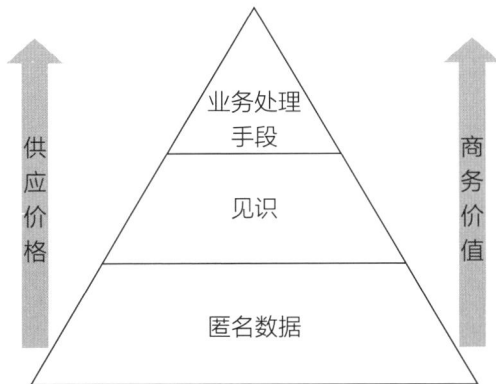

图 5-1　数据价值链的价格和业务价值

大多数组织正在开始将它们的见解商业化，而不是匿名数据或业务流程。其实，西班牙电话公司在过去的几年中通过人工智能和数据机构售出了 400 多个见解项目。

全局还是局部单位

在跨国公司里，许多新的业务单位起初在总部作为全球单位启动。随着业务开始运营，一个关键的问题是该单位继续保留其全球中心地位，还是分散到各个业务区域，接近市场。虽然有例外，但在许多跨国公司里，大多数新的商业想法和单位都是在总部起步的。其中一个明显的原因是总部对新的商业想法的投资比地方机构更容易。地方业务经常受预算紧张和短期结果巨大压力的限制；与此相对，压力对总部来说不是那么大，它通常被视为支出中心，负有对将来进行战略性投资的职责。对以新技术为基础（比如数据与人工智能）的商业理念而言，在总部起步的额外优势是能够更容易地组建稀缺技能的团队，因为总部通常位于大城市，是公司、新企业和大学充满活力的中心。

进入市场

当大型组织决定把它们的数据外部货币化时，另一关键决策是如何与市场打交道。基本上，有四条主要途径：使用现有的当地企业对企业（B2B）销售渠道、专设销售队伍、利用中央和地方组合的销售力量、通过合伙关系。当总部和地方业务位于不同的地理地域时，任何计划建立新的业务线的公司都要面临这一重要的决定，对跨国公司更是如此。让我们逐一考虑每一个方案。

使用现有的企业对企业销售渠道。大多数大组织有企业对消费者（B2C）运营和分开的企业对企业（B2B）运营，后者的销售对象是企业和政府实体。这通常是一个高效率的组织，能娴熟地经营销售业务，拥有负责关键客户的经理、销售管道、包含技术和业务人员的提案准备机构和运营团队。使用这样现有的销售队伍的优势在于，它作为一个组织已经运转，拥有很多现有的客户关系，能与其他常规的产品一起把数据结论建议作为向上销售。此外，在惯例的销售配套中添加新的、充满创意的大数据产品使 B2B 单位具有现代的、革新的气派。这形象日益得到 B2B 市场的欣赏，甚至有时被视为必备之物。

依靠现有的销售渠道有它的不利之处。例如，提供像大数据这样新的创意服务需具备专门的知识和技巧。大数据与人工智能与复杂的隐私问题密切相关，并不容易掌握。其次，向客户展示这类产品经常涉及深入的对话，而不仅仅是"推销宣传"；很多传统的 B2B 销售渠道缺乏达到那一步的知识。另一有关的不利之处是销售人员倾向于推荐他们知道如何推销的产品，这些不包括新的、复杂的产品。这会导致销售额低于期待的目标，原因不在于客户不感兴趣，而在于费力的销售工作。最后的不利之处与佣金有关。大部分销售组织把按销售额提成作为鼓励销售者的方法。这样，大项目的销售得到优先权，而小项目处在次要地位。因为新的、创新的大数据项目往往从小的试验项目开始，相应的报酬远低于销售传统的大项目所得。

设立专门的销售队伍。在这个方案中，作为新的业务单位的组成部分，专设的销售力量负责销售新的大数据产品。销售人员会靠近从事设计和开发大数据产品和服务的团队，因此他们对所有方面和挑战（例如隐私问题）很在行。如我们所预料的，这样组织的优势在于它能减轻依靠现有销售力量携带的一些不利因素。例如，通过设计，不存在缺乏大数据知识的问题。正相反，专业的销售人员充分了解和热心于大数据产品和服务。这些是他们唯一的出售品，所以他们的销售积极性很高。由此可见，竞争可带来高佣金的其他大项目销售的并不存在。

至于不利因素，现有的销售力量在几个层面上比新的专门销售队高一层。首先，新的销售队显然必须从头开始创建，需要时间和预算。其次，除了个人的人际关系网外，它没有现存的客户关系，因此大多数销售都是电话推销，没有机会通过现有的、可信任的关系向上销售。最后，专门销售队的规模远小于现有的销售力量。在初期，当只是与早期采用者接洽，小规模还可以接受；但是，当需要进入主流市场，这成了一个问题。

一举两得。根据以上两方案的分析，较为明显的是，为大数据设立销售团队的最好途径是组合队，利用两者的强点，同时尽量减少它们的弱点。销售力量具有庞大的大数据知识；其中一部分被激发为销售处理手段，另一部分具有许多携带潜在客户的现有、可信赖的关系。这似乎是梦寐以求之队。

在这组合形式里，还需应付的挑战是目标和销售佣金的一致。只有当地方团队的胜利同时也是中央团队的胜利，地方和中央的联合销售队才能生效。换言之，无论谁引来初始的线索和谁达成交易，成交归于两团队。疏忽这样"小小"细节会导致两队之间的激烈竞争，带来显著的（不良）后果。

顺便提一下，不言而喻的最糟糕的销售策略是一个组织实有两个独立的销售力量。在这种情况下，现有的地方 B2B 单位和新的中央单位之间为招揽客户和争取佣金相互竞争，让客户不知所措。不过，在现实世界中，无事是不可能的。

搭档。为大数据产品建立销售团队的最后方案是与第三方组织合作，最好是第三方在市场上作为见识供应者有可靠性。在这模式里，数据持有者以商定的格式提供数据，包括规定的详细程度（未处理、已处理或汇合式数据）和频率。然后，第三方担负制定价值建议和落实实际销售。这一方案一般表示数据持有者提供的是未处理或已处理的数据，而不是见识。该事留给合作伙伴，据推定对市场非常了解。由此，采用这一模式，数据持有者从每一数据单元中取得的价值常常低于其他方案，因为它位于数据价值链的低端（参见图 5-1）。对一些公司来说，如果它们拥有宝贵的数据但没有资源或技能自主创造价值，这方案很有吸引力。

结论

对于怎样实现数据变现，没有一刀切的建议。每个企业有自己的企业文化。无论如何，从总体上看，我们可以说，在开始的时候，从现有的大数据机构起步是个不错的主意。这一步骤能激发现有团队，并有利于快速的试验性项目，无须大额投资。当然，需要作一些变更。比如，团队添加新的人员，同法律顾问一起重新审查隐私事项。这一方案充分利用现有投资。

当业务趋于成熟，客户名单表延长，建立一个独立的业务单位是明智的选择。它持有自己的损益表，对业务发展投入更多资金，在组织的现实中发展最有效的销售力量。从动机和知识两个角度看，其中一部分参与建立这一业务的人员会获邀成为新业务单位的成员总是恰当的做法。

怎样规划数据的外部货币化

依据信息或数据基的见识衍生出新的业务模式需要相当的横向思维来达到这一设想：自己收集和管理的数据有很大的用途，已不再是数据被记录时的最初目的。那么，这旅途的第一步是验证数据有用性，方法是通过那些在后期可能成为新产品最终用户的利益相关者早期的定性反馈。

第二步是确保产品设计遵循"设计隐私"法规。如此，需要回答一些基本问题。比如，"产生数字记录的数据主体是否知道谁将使用……他们是否同意？"当然，《通用数据保护条例》（GDPR）的法律体系规定在告知同意和安全流动的条件下收集和重用数据。然而，即使持有准许使用个人数据，从这一角度看，最安全的产品总是由非个人数据做出。

第三个重要阶段是设计和发展产品，能解决尽可能多的潜在客户的问题。基于以真实数据为基础的定量结果，试验性项目为推进这一过程能提供丰富的知识储备。记住，获得一刀切的处理手段很困难。与这点相应的是如下重要的决定：

怎样构造信息？在货币化这些以非聚合式数据为基础的聚合式见识时，必须在多个维度上认真设计聚合层次，比如地理区域、时间和经纪人分类。高分辨率数据聚合会在隐私保护阈中找到它们的限制：需要校准选定 k– 匿名性和 l– 多样性度量。

怎样使信息可检索？取决于最终用户的情况和技术能力，可推荐的访问基于数据的见识方法包括：*.csv 格式的人工提取，开发支持自动化机器对机器互动的应用程序编程接口服务（API），或把见识与内含图表和图形的交互式仪表板集合成一体。

产品的价格应当是多少？像以不同的价格出售面粉、烤面包或巧克力松饼，各自有其相应的加工成本（如此影响利润幅度），原始数据、分析见识或交互式仪表板是差异很大的产品，各自有其截然不同的附加值。在为信息出价时，有两种方法可以采用。资金平衡表方法以平台、开发和分析投资，投资回收期和预期投资回报为基础。在机会基方法中，基于数据的见识只分享它们所支持的决定具有价值的一部分，这会转化为最终用户能够支付的价格。

最后，同样重要的是避免如下错误：

过高估计自己数据的价值。价值不在于数据源如何新，或者大数据或人工智能品牌如何独出心裁；而在于这些品牌与试图取代的正在使用的方法相比（比如，民意调查）提供的实际效用。利用数量、代表性、速得性和负得起等优势，为自己的产品赢得信任。

过低估计前进道路上的障碍。人们会碰到，发展和质量担保测试花费的时间比预期的要长。在以下两者之间进行协调：（1）需要发布 MVP

（minimum viability data product，数据产品最低可行性）以进行踢力测试；
（2）产品早期的可容许技术欠缺不会侵蚀它的可靠性。还有，人们会发现，
许多最终用户对他们的惯常工作方式（BAU）感到轻松容易，不会放弃，
很难以更创新的心态转向其他目标。

跳出框框思考总是与冒险相伴；但当创新成功时，所得的却是革命性
的结果。

内部和外部数据货币化相比：怎样从数据中提取价值

各行各业中的公司，从初创企业到大型企业，都在探测大数据与人工
智能联合体的变革实力。那些未充分利用它——导出有意义的见识和将其
转成为行动——会失去竞争力，冒着在新的数据驱动的舞台上落后的风险。

无论如何，存在多种方式在业务中实施人工智能，也有可供选择的数
据货币化计策。公司首先面临的左右为难的困境之一是，决定在内部或在
外部货币化数据（或两者）。它们如何选择恰当的途径和应当在哪里集中
精力？

内部路径侧重于充分利用数据对公司的收入和损益底线产生可测量的
影响。一些内部货币化举措包括辨别交叉销售和向上销售机会、个性化产
品和服务、预测客户流失或改善公司运营和生产率。另外，外部货币化涉
及开辟新的收入来源，通过不同的数据共享和商务模式向客户和合作伙伴
提供数据或见识。

以下是一些"尝过的外卖食物"，包括西班牙电话公司自己的经验，可
协助领先组织制定自己的策略：

首先，最重要的事项是人工智能项目和公司总体形势的战略目标务必保持一致。成功的数据货币化依赖慎重行事，旨在实现与公司总体业务策略相一致的最高价值机会。

其次，对大多数企业来说，成功落实的人工智能策略始于内部，因为业务用例通常持优先权和有短期的直接影响。尽管内部和外部货币化并不相互排斥，有些公司能实现这两个目标，内部的努力通常是向外部货币化延展的可靠途径。

不过，选定致力于外部数据货币化的公司需要对付额外的挑战和隐患，作为对潜在的货币价值的一种抗衡。当务之急应该是向客户和其他参与者保证数据隐私和安全，这是公司所应负担的责任，如此才能防止企业名誉受损。

这里是西班牙电话公司在它人工智能行程中成功走过的道路。计策是把主要关注内部项目和成立 LUCA 相结合。后者是西班牙电话公司的数据外用机构，任务是向私营和公营组织供应从匿名和聚合电信数据中抽取的业务见识，由此协助这些组织的数字化转型。

第二部分

业务和财务

本书的第二部分关于业务和财务。我们将考虑与选择应用实例、衡量经济效益相关的一些主要决策，以及企业应当怎样想办法为数据与人工智能的投资筹资。最后，我们将讨论开放数据的作用，以及人工智能和大数据如何为中小企业创造收益。

这部分不是向商务人员解释什么是大数据与人工智能，也不列举大数据与人工智能应用实例的具体例子。许多其他书籍讲解了这些技术所涉及的事项和它们如何能够改善和优化业务。正如前文所指出的，本部分是关于对业务或财务有影响的与数据相关的重要决定。

第六章
怎样选择人工智能和大数据应用实例

许多组织，既然决定了使用大数据与人工智能，通常会问自己应当从哪里开始。大体上有两种途径：一是以配备必备的能力为起点，包括基础设施、数据、技能等；二是以能向组织显示潜在价值的应用实例为起点，和弄清实施它们需要什么数据。大部分组织选择第二方案，因为一旦清楚地明白可能产生的价值，对人工智能的投资就会比较容易。

但是，怎样选择最好的应用实例作为起点？根据我们的经验，解决这个问题的最好方法是制造一个机会矩阵，也称为 Ansoff Matrix（Wikipedia，n.d.），为企业列出特有的数据与人工智能机会。

机会矩阵

譬如人们想把机械工序自动化（Robotic Process Automation，RPA）作为数字行动计划的一部分，并且需要确定从哪个工序开始。RPA 最成功的应用是这些高度结构化并与核心业务相关的工序。图 6-1 给出相应的矩阵格局，圆圈的大小表示商业价值，灰色的深浅表示潜在风险的大小（浅色指极小风险，中色指中等风险，深色指大风险）。横轴表示业务的核心量度（或业务中心性），纵轴表示工序的可结构化。位于右上角的浅灰大圆圈是作为起点的理想工序。

自动化机会矩阵

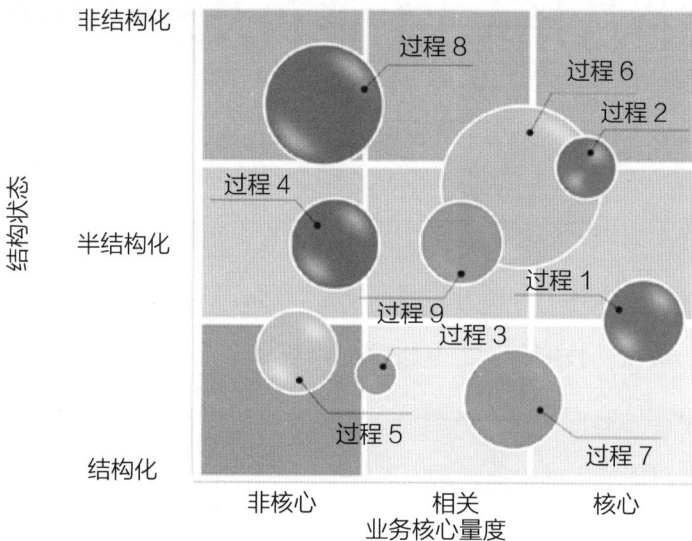

图 6-1 RPA 应用的普通机会矩阵（SDA Bocconi，2019）

但是，正在准备启程数据之旅的企业如何为数据与人工智能的应用实例使用机会矩阵？矩阵的两主轴通常表示价值或业务影响和可行性。价值是重要的，因为当应用实例针对的是对业务只起侧面作用的某事，很难说服企业来投资。可行性是重要的，因为期待的结果不应当在两年之内取得，而是几个月。可见，商业等待新事物结果的忍耐力有限。无论如何，两轴可以表示不同方面（比如，行动的迫切性）；它们的含义取决于企业在启程时认为什么是最重要的事项。类似地，其他量纲（尺寸、图形和颜色）应当表示在决策中需要考虑的其他重要因素。

图 6-2 展示了一个大数据应用实例的机会矩阵，用于 2012 年的西班牙电话公司数字服务中。与价值和迫切性相符，我们优先处理这些应当具有大数据（商务智能）能力的数字服务。气泡的大小表示做服务工作的简单程度。比如，复杂性较低，会带来越快的结果。灰色深浅程度表示相对于

更可取的综合处理手段建造筒仓式处理手段的风险高低，后者把与所有数字服务有关的数据储存在一个大数据平台。

03 划分商务智能机会的优先顺序

依据"定性价值"和"迫切性"来安排机会的先后顺序，强调关键时期优先关注的区域（该结果来自和参与者的谈话）

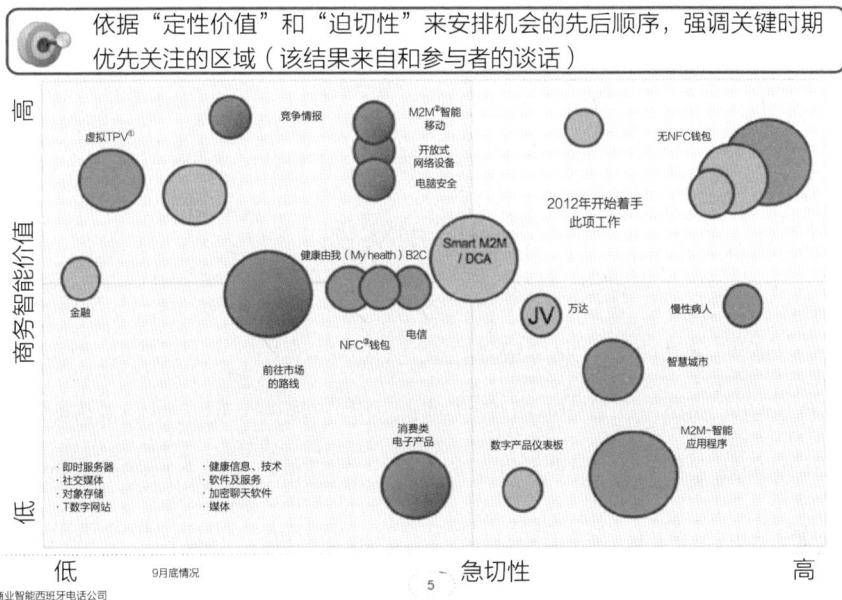

图6-2 2012年西班牙电话公司大数据应用实例机会矩阵

有时在实际执行一个应用实例之前很难预计它的业务价值。估算该值的一个适用方法是将业务量乘以估计的百分比（参见第七章）。例如，如果一家公司的客户流失率每月为1%，它大约有1 000万客户，每月每用户的平均收入为10欧元，则业务额为每月100万欧元，或一年1 200万欧元。如果大数据能把流失率降低25%，即从1%降到0.75%，预估的业务价值为每月250 000欧元。

---

① 一种虚拟的支付终端。——编者注
② 移动内容管理。——编者注
③ 近场通信。——编者注

预估的另一需要的重要方面是应用实例的可行性。这是一个更定性的判断，随企业不同，对此的判断也可能不同。基本上，它估量应用实例执行的难易度，相关的变量包括数据可得性（地点、所有权、费用），数据质量，与业务部门合作的状况（一些是拥护者，其他怀有戒心。参见第十六章），隐私风险等。

寻找应用实例

为了获取自己所处行业里应该优先考虑哪些应用实例的建议，很多组织已经有了初步的想法，比如向上销售或减少客户流失，但是他们也许缺乏必备的深度理解来拟订较为详尽的准备清单。幸运的是，现有足够的、面向行业的文献提供了帮助。至于电信行业，例如，TM Forum 维持这样的目录（TM Forum, 2015），包含大约一百个应用实例和重要特征，比如数据要求、隐私风险和价值等。

此外，也有普通的研究报告为不同行业详述许多应用实例。比如，麦肯锡（McKinsey）关于人工智能的报告（Bughin et al., 2017）着眼于零售、公用事业、制造业、医疗保健和教育等领域，还有普华永道的报告《Sizing the Price》。对于那些希望在特定行业里寻找人工智能应用实例的人，简单的网上查询就能得到许多建议。

怎样不被应用实例绊倒

应用实例的选择是公司向数据驱动过渡的重要组成部分，但是这些经常达不到预期的结果会让人感到失望并迟滞数据转型的进程。

在某些情况下，我们偶然碰到失败的应用实例会"摧毁"公司的整个转型尝试。基于这样的事例，我一直建议在实施每个应用实例之后对之进行分析，有助于总结教训，以此为鉴更有助于改进后续应用实例的结果。

通过分析在不同公司里实践的应用实例，我找到了失败的主要原因。基本上可归结为对期待管理不善。而且，如果进一步探究根本原因，我们可以看到大多数的失败源于缺乏应用实例的必备条件和组织的数据成熟匹配。这表现在数据驱动型企业的三大支柱中：技术、人才、组织和文化。

分析性的应用实例本身就是挑战，因此我们必须避免忙于应用实例和发展数据驱动支柱相并行的局面。

● 关于技术支柱。重要的是确定公司已配备应用实例所需的技术。如果分析性用例需要新的技术，它的执行得益于两步走的路径。第一步，把公司已具备的所需技术首先用于一个简单、熟悉并容易执行的应用实例。第二步，取得使用新技术的一些经验后，该技术可用于待执行的分析性用例。值得一提的是，把对企业来说新的技术直接用来实施复杂的分析性应用实例，明显提高了失败的风险。

● 关于人才支柱。重要的是拥有一张涵盖公司所有内部能力的清单，以确保公司具有实施应用实例所需的一切技能。如果能力不全，通过内部或者外部的合作关系来补缺。然后，新人员先参与一个简单、易于评估的应用实例，由此在所有团队成员之间建立职业上的信任。如果在新团队执行的新用例中发现问题，会播下不信任的种子。

● 关于企业和文化支柱。重要的是确保公司"数据成熟"达到足以正确评价从数据中提取的结论并依据结论展开行动；比如有恰当的做事方法和必不可少的企业文化。据我的经验，改变会碰到阻碍，尤其当它与复杂的科学问题相关。此外，预知未来是不可能的，所以预测模型在某些情况下会失效。失效招致的对失败的畏惧能使应用实例的进化陷于瘫痪状态。

总的来说，公司数据驱动支柱的成熟度决定了哪些应用实例可能成功或者失败。如果组织正处于数据驱动行程的初期，则应选择简单且技术支持较少、影响范围较小的应用实例。此外，选择那些已在同行业其他公司中取得成功的应用实例也很合理。相反，如果组织的数据驱动支柱的成熟度较高，则可以选择更具创新性和风险的应用实例。这样的公司实际上愿意接受并奖励风险。

有时，公司的各个数据支柱成熟度参差不齐。例如，它们可能在技术和人才方面很强，但在文化变革方面很弱。在这种情况下，必须识别并利用优势，并选择能够利用优势的应用实例，同时排除依赖不成熟数据支柱的实例。

如果人们希望在公司中顺利地开发分析性应用实例，记住把这些实例和一家数据驱动公司的支柱成熟状态绘制成一条直线。

第七章
怎样衡量经济效果

我们怎样为自己企业里的大数据提倡标志性的经济价值？我们怎样测量这类项目对我们业务的影响？我们怎样说服高层领导继续（和增加）对这一领域的投资？

我们中的大多数人都熟悉大数据热潮，也都熟悉那些许下的又大又鲁莽的诺言，并在展望大数据对我们经济和社会带来的价值。例如，在2011年麦肯锡估计，大数据会给医疗保健带来3 000亿美元的价值，为欧洲公共行业带来2 500亿欧元的价值，为全球个人位置数据带来8 000亿美元的价值。随后，麦肯锡发表了另一估计，所预计截至2016年12月价值的某个百分比已成为现实。它认为从总体上看实际的价值是所估价值的30%，以位置为特征的数据是50%—60%。

这些天文数字正在说服许多组织去开启它们的大数据行程。早在2017年，福布斯估计，大数据和分析技术的市场价值将从2016年的1 300亿美元增长到2020年的2 030亿美元。如对许多这种预测一样，人们不得不思考它们是否能变成现实。

的确，这些天文数字并不指示个体公司和机构如何衡量它们开展的大数据项目所产生的价值。许多企业仍竭力确定它们的大数据投资能带来的经济效益，这就回答了为什么许多倡议没有达到雄心勃勃的目标。

那么，我们怎样在大数据和分析倡议上标志数字？根据我的经验，经济效益有三个主要来源。让我们来看一下。

节省大数据信息技术基础设施的开支

在信息技术基础设施方面，通过从专利软件转到开放源代码程序可以节省相当多的资金。采用传统的数据仓库模式经营，数据的信息技术供应商就软件部分收取许可费，同时分别收取所需的专业服务费。此外，一些处理手段要配置特定硬件，如设备。

在大数据时代之前，这种模式运行得很顺利。然而，随着数据量的增加，特别是非结构化和实时数据的增长，现有的处理方法变得极其昂贵。还有所谓的"供应商锁定"也是一个问题，即投资和复杂性使得从一个供应商转到另一个供应商既费时又费力。两者一起迫使许多组织寻找更经济的解决方法。

一个备受欢迎的替代方案是由开放源代码 Hadoop 提供的大数据管理工具生态系统。开放源代码软件没有许可费用，因而很有吸引力。但是，能够享用大数据的开源处理手段，组织必备合适的技能和经验，或者是内部已有或者交外部办理。

Hadoop 生态系统工具以商品软件为中心，可线性扩展，因此非常划算。由于这些原因，许多组织已经用开放源代码取代它们专利数据基础设施的一部分，每年很可能节省数百万欧元。虽然节约信息技术的开支并不会给人们带来最大的经济效益，但它在数据基础设施的总拥有成本中，相对容易衡量，因此是首选的、很受欢迎的策略。

分析性应用实例优化业务

大数据和分析能改善核心业务毋庸置疑。这种经济效益可以通过两种方法来实现：产生额外收入或减少成本。

产生额外收入泛指同材多做，换句话说，使用大数据来促进收入。这里的问题是，不容易决定从哪里开始，而且很难摸准如何测量"做得更多"。

降低开支泛指少材同做（参照事半功倍），即用大数据改善业务流程的效率，同时维持相同的结果。

如在第六章中讨论的，一个好的策略是，在开始大数据行程时备有应用实例的机会——可行性矩阵，可对价值（业务作用）与实现价值的可行性相对照。第六章也给出了估计用例业务价值的一个好方法：业务量和估计的改善百分比相乘。如我们所见，提供收入的应用实例的例证是流失预测。如果一家公司的流失率为每月 1%，它有大约 1 000 万客户，每月每用户的平均收入为 10 欧元，那么每月业务额为 100 万欧元、每年 1 200 万欧元。如果大数据能降低 25% 的流失率（从 1% 降到 0.75%），估计的业务价值为每月 25 万欧元，从而节省费用，可以考虑采购。假设一个组织每年采购的开销是 1 亿欧元，经分析也许会带来 0.5% 的优化，如此一年的潜在价值为 50 万欧元。

无论如何，一旦选择了最初的应用实例，人们应当怎样测量成效？主要是前后情况相比：测量差异，知道怎样推断用例的价值，如果它已被当作照常事务来使用。多年来，我们认识到两个主要问题一直妨碍在一个组织中衡量和传播大数据的经济功能：

（1）大数据与人工智能几乎从来不是唯一的促成物。由于其他业务部门的参与，很难决定给大数据与人工智能确定多少价值。

（2）人们可能不太愿意向最高管理层和整个企业汇报所得的结果。展示大数据的作用对在企业里加强意识和建立数据驱动文化十分重要。

关于第一点，大数据从来不是价值创造的唯一推动力。让我们再次思考流失应用实例，并假设使用的分析能够更准确地辨别哪些客户最有可能在下个月离开。一旦区别出这些客户，公司的其他部门需要设计保住活动，随后另一部门执行所制定的行动。例如，它们也许对居于前面的可能失去的 3 000 名顾客亲自打电话，向他们推出诱人的"和我们在一起"的报价。当行动结束，结果在手，很难确定该结果或任何部分结果应当归于分析、保住报价还是电话服务中心的工作。

有两种方法可以用来处理这个问题：

A. 从一个没有用过的应用实例开始。一个例子是使用实时的、与背景相关的活动。此类活动在许多行业中并不经常被采用，因为有必备的昂贵大数据技术。设想持有数据资费的移动客户正在观看视频。该应用实例会实时检测一用户正在观看视频和达到数据包的大致限度。在这种场合，观看者通常要么受抑制要么被断网，任一情况都会给用户带来不愉快的经历。在应用实例使能的新境况下，观看者会及时收到信息，被告知数据包的终止，并询问是否愿意购买额外的 500MB，也许价格为 2 欧元。如果观看者同意，服务实时供应，其继续观看视频。该应用实例的效益很容易计算：简单地把接受建议的客户数量乘以每客户支付的报价。因为以前没有使用该实例的经验，很少有人能够对大数据和分析带来的价值提出异议。

B. 使用分析和不使用分析的状况相比。第二个解决方法稍微复杂一些，但比前一种方法更常用。让我们回到客户流失的例子。一个组织从来不以简单或复杂的方式来保住任务是不太可能的。这样，当分析技术用来区分可能离开公司的客户，并且取得好的结果，该结果很难完全归于分析。判断要把分析带来的结果和没有分析带来的结果相比较，在所有其他事项相同的前提下，这需要参照组。在活动对象中，随机取出一小群客户作为参照组，它与目标组得到相同的对待，只是没有分析部分。随后，两组之间任何统计显著的差异可归于分析的功能。例如，与参照组相比，分析留住的客户多2%；如果每月都开展这样的活动，分析带来多少保住的年收入随之可算。有些公司能够在每场活动中使用对照组，总是能够计算"增长"，不断报告归于分析的经济效果。但是，大多数公司只在开始时使用参照组来证实应用实例的功能。一旦确定，它们把实例作为日常运营，并由此建立一条新的基线。

关于第二点，在组织内以妥当的方式交流大数据产出的结果十分重要。我们的经验是，尽管业务主喜欢分析技术，因为它们能带来额外的收入或节省成本，但是在开始时，他们也许不愿意把成功分享给组织里的其他部门。实际上，宣传内部大数据项目的成功是企业取得高层管理人员携手合作和改变企业文化的关键。

为什么业务主们对共享有顾虑？理由很简单：人之本性。在整个组织内展示大数据和分析带来的额外收入，一些业务主担心被分配更高的目标，却没有被拨给更多的资源（除了大数据外）。相似地，业务主不愿意分享节省的5%开支，因为下季度预算也许会相应地减少。别忘了，他们不是展示了借助于大数据可以少花资源达到同样的目标吗？这是文化挑战的一个例子。幸运的是，这些事情往往不会长久、无声张地出现。最终，所有企业都习惯性地公布效益。但是，做这种"暗中"事在任何时候都会带来问题，尤其是在大数据行程初期，最需要这些经济效益的时刻。

通过外部数据货币化开辟新收入来源

在第五章中，我们介绍了外部数据货币化作为挖掘新收入来源的一种方式，而不是通过业务优化来创造价值。如我们前文已解释的，这样的机会适合于已经达到一定数据成熟度的组织（参见第四章）。当它们准备好利用大数据的成果来优化业务时，就可以开始考虑开发与数据相关的新业务。实现"新"的方法之一是做出新的数据价值建议（亦即，以数据为核心的新产品）；另一种方法是使用从大数据中提取的见解来协助其他组织优化它们的业务。从这角度看，衡量数据、分析和人工智能的经济效益与在市场上推出新产品和管理它们的损益并无多少差异。

我们认为，在未来的五年中，大数据的最大效益份额仍然来自业务优化，即把公司和机构转变为数据驱动的组织，如此做出数据驱动的决定。然而，随着数据共享的兴趣和活动的增加，如2020年2月发行的《欧洲数据策略》所示，以外部货币化为途径的商机会显著地增多。

结论

正如我们已看到，为了测量数据与人工智能的经济效益，可取的是从节省信息技术的开销开始，但这不会随业务的增长而扩大规模。外部数据货币化和数据共享提供的收入也很容易计量，但当与用于业务优化的内部应用实例所提供的效益相比，不会太大。

对于那些最终无法成功地衡量任何具体经济效益的人们，不必过于担心。经验告诉我们，虽然组织在行程的早期念念不忘测量价值，但随着组织的成熟，他们逐渐意识到价值的存在，并不觉得有必要继续进行微小的测量。在这方面，大数据会和业务融成一体，成为日常事务。

怎样在数据驱动的公司里衡量经济效益

转型为一家数据驱动的公司需要在多个层面上做出许多变化。除了必须满足技术要求，我们还需要改变企业文化和职员技能。我们面临的最大挑战之一是普及数据民主化的观念，这意味着把所有数据和信息（除了敏感的、法律制约的股票市场相关信息）提供给我们在德国的 8 000 名职员。目的是消除妨碍为职员日常工作提供数据的屏障，实时优化与客户有关的决定和内部流程。重要的是，我们在一个易于使用的自助门户网站中提供我们的数据和信息。相应地，我们在 2016 年发起了分析见识中心，现在我们在德国的 2 500 多名西班牙电话公司职员已经在使用该中心。

数据民主化计划的落实取决于接受和理解数据，并且数据具有适当的质量以便于数据科学家有效地使用。我们已创建了自助环境，适用于不同分析技能水平，包括初级数据分析员和骨干数据科学家。在建立了大数据基础设施后，技术专家、数据实验室和数据治理专业人员问我们：他们怎样衡量数据策略的经济效益？

基于价值的项目途径非常有效果。为每一个分析项目，我们限定一个有清楚范围和可测目标的具体应用实例。例如：把改进机器学习算法以便更早地辨别谁打算撤回合同作为降低 $x\%$ 流失率的基础。相应地，改进与重要客户有关的依次活动或报价的计算。为了获得成功，我们认为绝对必要的是项目团队由一个技能人才中心和来自不同业务的专业人员组成。整个团队必须有相同的财务目标，作为团结的团队直到目标达成。

另一个例子是我们优化技术网络故障处理。跨越德国的由多于 27 000 个站点组成的复杂移动电信网络中，不可避免出现故障。我们在多种应用实例中运用人工智能算法。比如，预测反复出现的故障或排除故障期待的持续时间。这样，我们能够减少现场工作人员指派的次数，同时加快故障处理。网络组件停止运行时间的减少提高了客户满意的程度。根据这些关键绩效指标，很容易估算经济效益。

谈及收入保障，我们使用自己的机器学习环境来提取海量数据（比如，数十万供给操作系统的变更单、数百万客户资料、数十亿通话详细记录），涉及复杂的信息技术系统，来辨别可能导致可观收入损失的问题，并以欧元计算。识别出的问题随后有助我们采取措施解决问题并防止收入损失。

我们的营销业绩管理模式是另一个好例子，展示如何估量数据驱动处理手段的效果。它是一个复杂的驱动模式，用于辨别和量化具体营销手段对业务业绩的影响，为我们的品牌争取新客户（比如 O2）。西班牙电话公司的德国分公司有多种营销手段（比如，广告费用），保证在其之间合理地支配预算内的资金很重要。当涉及的客户数量达数百万，而且他们均从事电信商务的情况下，这点尤为重要。

运用所得的结果，我们优化营销开支和手段的结合，以促进赢得更多的新客户并增加收入。可以从引入模式后业务的改进中看到模式的作用。

第 ⑧ 章
怎样为数据行程提供资金

截至 2020 年，大多数大型跨国公司已经开始了向数据驱动升级组织的行程，通常将其作为数字化转型的关键环节。大多数企业都很清楚，开始数据行程需要资金：必须建立团队和配置数据基础设施（在云中或在组织场所）。第一批试点项目的选择通常是几个业务部门共同参与。如果一个试验项目取得成功，它会投入生产，由此结构性地收获数据效益。例如，在客户流失试验项目中，数据团队从营销部得到客户数据集后，使用机器学习技术预测哪些客户打算转到竞争对手。营销部随后设法留住他们。留住的客户的数量可以转换成保住的收入（参见第七章）。把以上工序投入生产需要每周或每月提供客户数据集，自动执行算法，所得结果输送到相应的渠道以便于客户服务人员跟进。

在行程的初期，并不经常谈论谁来支付的问题。重要的是，事情正在发生，必须继续前进。但是，随着团队的增大，随之而来的是更多试验项目，而且需要投入生产，资金供给问题开始出现。

公司是否应该继续对团队投资？有关业务线是否应该支付全部或部分费用？如果公司继续资助，是否应向业务收取费用？如果收费，比率是多少？如果项目涉及第三方公司，谁支付它供给的服务？此外，跨国公司常常由不同的法人实体组成，从税收和反竞争的角度来看，"免费"做事并不容易处理。

为数据投资提供资金的可选择模式

这些问题没有标准答案，但我们能看到一些与组织的数据成熟度相关的模式。一般来说，正如图 8-1 所示，初期我们可以得到公司的资金支持；但随着时间的推移，数据成熟度提高，则中央资金递减而业务单位资金递增。通常情况下，一小部分的中央资金仍存在，以鼓励探索和测试新技术的应用实践。

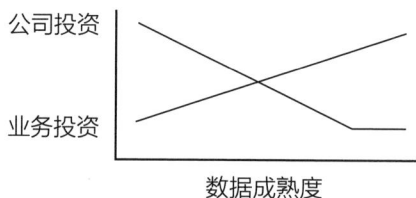

图 8-1　数据项目的典型资助演变

该资助策略的一个具体应用是，公司为中央项目支付几年的费用，以便于各个业务部门适应它；在某个关键节点，联合投资开始出现，如图 8-2 所示。这种联合出资模式的优点在于，公司仍然能激励具有全局意义的地方投资，但同时也避免了业务单位不实际操作的潜在风险。

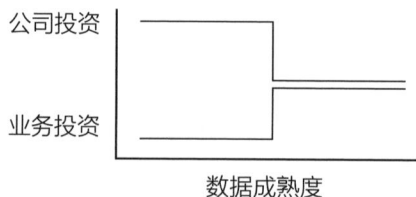

图 8-2　初期中央投资；在某一时间点，变成联合投资

从数据项目的各阶段（试验、部署和生产）来看，公司资助随时间推移，主要以两种方式出现，如图 8-3 和图 8-4 所示。

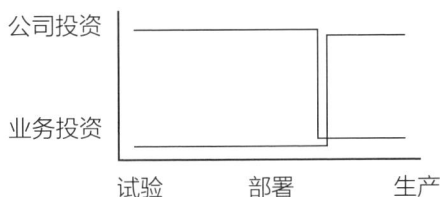

图 8-3 公司资助试验和部署，业务资助产生

在数据行程的早期，公司也许资助数据项目的试验和部署阶段，业务单位则负责生产阶段的资金（图 8-3）。

然而，更为普遍的是公司只资助试验阶段，因为它可以在许多业务线中重复使用。然后，部署和生产完全由单位资助，因为它们是业务特有，不能重复使用（图 8-4）。在公司层面上只保管集团功能，从税收的角度来看，是很合意的策略。

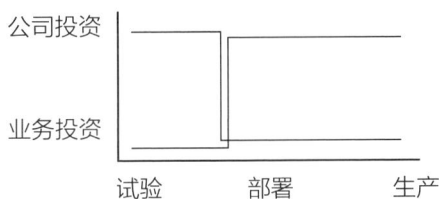

图 8-4 公司资助试验，业务资助部署和生产

作为一种有创造力的资助方法，公司能够利用已有的免费数据资产来激励业务部门在数据行程中加倍努力。例如，这种方法可以采取如下形式：投资于数据质量和治理，或者采用集中开发的数据模型。这意味着公司继续对数据项目提供资金，但是业务部门享受这些资源的前提是，遵从自上而下的数据策略和标准。图 8-5 展示了这种模式。

然而，也存在这样的情况：业务部门先出资金，公司后期介入。例如，集团中的某领先业务部门独立进行数据探索计划，所得结果被认为是最佳实践。在这种情况下，该业务部门资助试验和部署；然后，公司协助推行

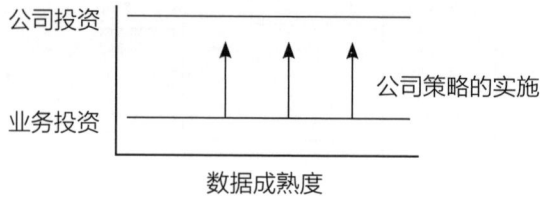

图 8-5　激励地方业务遵照公司的数据策略

成功的项目，将其转化为资产，以供其他业务线重复使用。图 8-6 展示这一境况。

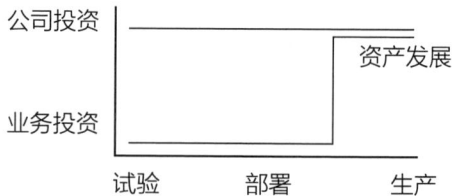

图 8-6　领先业务单位先出资，随后公司资助发展成可重用资产，利于集团部署其他业务

数据与人工智能的投资额为多少

在我的经验中，与数据与人工智能行程投资有关的关键教训之一是，应当在地方和集团层面明示拨给数据多少预算。一旦数据不再是抽象的概念，而被视为可管理的资源，公司就需要考虑是否在数据投资方面花费了适当的金额。公司整体是否对数据投资过多或过少？地方单位的投资是否与其业务的大小均衡，或者有些投资过多而另一些被忽视？突然之间，所有这些问题均可回答。我想断言这是数据行程中最重要的决定点之一，在此点前后都有差别。

达到这点的途径之一是，组织要求地方业务部门在其年度全局性规划中必包含有关数据的计划。业务计划中准备对与数据相关的项目和技术投入多少资金？预计的回报是多少？哪些应用实例需要预算和产生投资回报？当一个组织能把回答这些问题作为正常事务的一部分，它在向数据驱动的过渡中就迈出了主要的一步。

明示所有与数据相关的投资不是无足轻重的事情。很多这样的投资通常"藏在"信息技术项目里或与供应商签订的外部合同里，而且起初不被认为和数据相关。因此，需要大量的分析和努力才能弄清楚。此外，倡议、技术或项目经常不是只与数据有关或只与信息技术有关，而是与两者都有关。信息技术系统生产数据，因此从功能角度看，它是信息技术项目；但从数据角度看，它是数据项目。这样，在数据和信息技术之间怎样分配适当的百分比？

每个企业有其独特之处。如此，没有普遍适用的合理或不合理数据投资额，也没有通用公式用于计算数据与信息技术相对的百分比。根据我的经验，一家大型跨国公司经营覆盖面超过 20 个地理区域，它的投资数额在数千万美元或欧元级别。就数据与信息技术的比例而言，我看到的值域是 5%—10%。

结论

我个人观察到的情况是，大型组织的高层领导们往往对于数据与人工智能的投资回报缺乏耐心。不只是新兴的数据与人工智能项目，而是普遍存在的现象。如果在一定时间内无法看到显著的成果，那么整个部门都可能面临巨大的重组或裁员风险。通常情况下，组织会在 18—24 个月内评估投资的效益。因此，我给首席数据官、首席人工智能官或首席分析官的忠告是，在这期间要集中精力取得显著的财务收益。如果 18 个月后没有这样的结果，你可能接到高级管理层打来的并不太友好的电话。

在随后的 6 个月内（即 18—24 个月），能够出示结果至关重要。在有明确计划并能做到的条件下，企业可能很乐意继续投资。如果无法提供有说服力的结果，那么对全面检查数据与人工智能项目的计划也可能正在筹备中。

最后，万一一切不如意，下面的教训虽小而实际。设法了解整个组织中所有分析和人工智能项目在创造实际价值方面达到了什么程度。以前我们用电子表格来跟踪出于应用实例挑选过程中的所有举措（参见第六章），它包含如下字段：

- 倡议名称和简要说明
- 业务主
- 业务主对进行试点项目的承诺
- 试点项目在财务效益方面的结果
- 如果项目会投入生产，预测它的业务功能
- 业务主把项目投入生产的计划
- 项目投入实际生产
- 生产系统年度财务效益报告

这样，企业会得到自下而上的状况概述：什么事情已落实，哪些财务回报已被测量；不过，应该认识到衡量所有措施是不可能的（见第七章讨论）。如果相关机构严格地维护这类表格，每当管理层要求提供数据、分析或人工智能项目的财务结果时，他们就可以提供相应的信息。众所周知，

能够立即出示实际的成果，更容易获得预算支持。

B2B 市场上数据驱动的促销和营销

一条通往企业对企业（B2B）营销的现代途径要求数据驱动的接洽，贯穿整个客户和潜在客户的持续年限。

首先从市场识别开始。每个业务部门都必须对 B2B 市场有深入的了解，包括现有客户和潜在客户，估算他们的潜在价值、预计开支、数字化水平等。这样使得业务能够在了解实际情况的基础上设定商业目标，而不是依赖销售代表的直觉、热情或简单的历史销售额。

为了提高客户获取效率，应该按照潜在客户的购买倾向对其进行优先排序，并利用买家的意向数据，以便销售团队能在适当的时候传达适当的价值建议。

对于现有客户，关注其钱包份额。这揭示了向上销售和交叉销售的机会，避免了在细分市场时的短视行为；因为某些人看起来规模较小且服务不足，但实际上有更大潜力，因为他们可能从竞争对手处购买了大批必需品。"最佳下一步行动"模式促进了客户互动：当客户具备适当的特征和倾向，则向上销售；或者根据流失模型和最近的接触点交互来留住有转户风险的客户。

组织要开始行程以成为数据驱动型，需要克服三大挑战。让我们描述一下。

（1）构建一个结合内部和外部源的数据湖，以利于全方位描绘市场，其中包括客户和潜在客户。这是最难的部分：因为这部分在开始做出很大的努力，但没有短期回报。但是，它是关键的，必不可少的。从这些数据中析取所有有用的东西：自己的数据、交易数据，尤其是来自客户接触点的数据，包括结构化和非结构化数据。有时我们从外部来源得到的信息比从内部来源得到的信息更多、更好——即使为我们自己的客户获取数据时也是如此！利用开放数据，大量免费、公开的数据集，对业务很有价值。

（2）数据的真正价值取决于人们如何使用它。相同的数据集可能毫无用处，也可能非常有用。这一切与开发有意义的应用实例的创造力有关。创造力源于不同人才的汇集，他们各有不同的技能和不同的背景。数据科学家和数据工程师在介绍自己建造的模型的潜在用途时，应该意识到业务的挑战。更为重要的是，业务专家应该意识到数据科学的可能性，否则他们会想不到，一个特定业务难题可以通过人工智能技术有效地解决。在这一点上，数据科学的工具对于非专业人士来说很有用处，因为它们便于业务使用者迅速为自己的人工智能和机器学习模型建造雏形，无须编写代码。

（3）最后，我们应该把握时机，通过恰当的渠道，把人工智能和机器学习模型的结果提供给关键的人物。如果不经受与客户和潜在客户交往的考验，即使是最好的模型和数据集也不会起任何作用。对和客户关系管理系统（CRM）的一体化进行投资以确保线索从分析引擎流畅地到达销售代表手中，他们必须将线索货币化。与销售团队的交流和信息互通是关键。持有切合实际的期望以避免过早失望，协助队员从分析模型中提取所有可能的价值。

第 ⑨ 章
怎样接洽开放数据

已经开始数据行程的公司迟早会接触开放数据的概念。一部分公司可能不予重视，但其余的公司会开始探究它是什么和如何在数据行程中利用它。尽管在开放数据方面公司的经验有限，但本章提供了从几家大公司经验中汲取的观察和学习的教训。

就公司、企业和政府机构而言，它们通往数据驱动的行程在许多方面很相似，为此我们在本书中使用的"组织"一词常指两者。但是，谈到开放数据，它们各自行程却截然不同。很简单，在许多国家，公共行政部门有义务公开它们的数据，以实现开放数据；而公司、企业没有这样的义务。尽管如此，两者使用开放数据来改进自己的功能却很相似。

开放数据是数据共享的特殊部分。涉及商业和政府，大体上有四种数据共享：

● 政府向企业的数据共享（G2B），当公司、企业使用政府机构的开放数据。

● 政府向政府的数据共享（G2G），当政府机构使用其他政府机构的开放数据。

● 企业向政府的数据共享（B2G），当政府机构使用公司、企业生产的数据。

● 企业向企业的数据共享（B2B），当公司、企业彼此之间共享数据。

开放数据在前两种动态里发挥着重要作用。本章主要论述第一种数据共享 G2B，即企业考虑利用政府生产的开放数据来完成业务目标。

什么是开放数据

开放数据有多重定义。最常采用的定义之一是：开放数据是持这种观点——有些数据应该免费可得，人人可随意使用和重新发表，没有版权、专利或其他约束机制的限制。

开放数据的价值建议是，数据共享带来的价值比数据锁定在组织里要多。就从自身数据中创造价值来讲，所有组织均受资源的限制；把数据提供给开发人员、初创企业、非政府组织和其他组织，用于价值创造的资源会成倍增加。开放数据的愿景是，创建以数据为中心的繁盛生态系统。差不多 10 年前，麦肯锡陈述开放数据——公共信息和出于私源的共享数据——可在全球经济的 7 个区域创造一年 3 万亿美元的价值。

然而，截至 2020 年，借助于开放数据所创造的价值"辜负"了期望。虽然有活动，但过去的 5 年中没有大规模出现开放数据生态系统。欧盟委员会通过新的《开放数据指令》很可能是其中一个原因；它是在先前的《公共部门信息指令》（*Public Sector Information Directive*）基础上制订的，其最后的更新期是 2013 年。新的《开放数据指令》包括更多的强制性开放数据集。而且，它承诺在如下区域建立高价值数据集，这个数据集包含地理空间、地球观测和环境、气象、统计、公司和公司所有权和流动。

原则上，公司能以两种方式处置数据，分别为消费开放数据和公开开放数据。在实践中，大多数公司只考虑消费数据来充实自己的内部数据源。

利用开放数据充实内部数据

公司为什么对使用开放数据感兴趣？主要是出于充实自己的内部数据源的目的，由此帮助公司优化业务目标，这涉及内部应用实例或者外部数据货币化。我们来详细论述一些益处。

● 数据功能。数据准备和管理需要作出努力。开放数据是已发行、管理的数据，免费可取。因此，如果特别的开放数据集适合公司的需求，这会是效率较高的创值途径。

● 提供背景。别的不说，内部数据源提供关于产品和服务的使用信息。开放数据也许提供广阔的社会和市场背景，有助于更好地说明产品和服务如何使用。

● 财务效能。一些开放数据或许能取代正在采购的外部数据，意味着节省开支。

● 改善商业策略。在一些国家，开放数据由数千个丰富的数据集组成，涉及种类繁多的题材。在客户市场调查和战略分析中利用该数据能帮助公司对市场的策略、计划制订和实施进行微调。

● 产品改进。当今，很多产品把数据作为它们价值建议的一部分。纳入外部开放数据也许可以帮助完善这些产品。

● 产品开发。开放数据也许是新产品的来源和灵感出处。当和内部数据相结合，所得的以数据为基础的产品具备竞争优势。

使用开放数据的挑战

开放数据给予收获重要益处的希望，但是利用它来充实内部数据和支持业务会面临一些挑战。在能够规模地使用开放数据之前，公司应该以可行的解决办法来迎接这些挑战。如下是一些需要考虑的重要事情：

● 残缺不全。许多政府在世界范围内公布数据，有些甚至必须公布它们的数据作为开放数据。无论如何，每个政府——不管是地方、地区、国家或国际实体——都有权决定在哪里公布。很多政府在其网站的专设网页上发布数据。结果是很难找到特定的开放数据集。一家公司，如果对它所在经营国家的开放数据感兴趣，除了浏览国家统计办公室的网站，还需浏览城市、地区和国家级的网站。

● 数据质量。与内部数据一样，任何想吸收开放数据的公司需要相信它的质量。然而，数据是怎样产生并不总是很清楚，如此公司必须自己进行质量检查。

● 更新频率。许多数据集过一段时间就会过时。因此，重要的是明确地说明更新频率，记录最后的更新日期。

● 多相性。开放数据有许多不同的格式：图像、PDFs、Excel 电子表格、CSV 文件和以链接形式提供的数据。为了便于访问，开放数据起码要采用机器可读格式。蒂姆·伯纳斯·李（Tim Berners Lee）——英国科学家，知名的万维网（World Wide Web）创建者——提出了 5 星评级法（Lee, 2012），公布者可参照该信息为他们的数据集作注释。

● 缺乏透明的发布策略。无论在哪一级别，大多数政府自行决定发布什么数据，没有任何协调。在履行开放义务时，关键绩效指标只关注数据是否已经公布，而不是数据是否已被用来创造价值。因此，常见的是，已公布的数据仅仅是最容易发布的内容，而不是持有最高策略价值的数据。

● 责任。最后也无疑很重要的是责任问题。当一家公司在顾客产品或商务产品中包括馈送开放数据，如果该馈送存在问题和顾客服务无法交付，会发生什么事呢？此失误应该归咎于谁，数据供应商还是公司自身？对这种情况，数据质量和更新频率等方面就显得非常重要。

针对开放数据挑战的可能解决方法

公司可采用几种实用方法来迎接开放数据的挑战。让我们探讨一下。

利基聚合器。对数据质量、频率、不完全性和多相性有关的挑战，公司可与利基聚合器合作。这些一般是专注于特定领域的初创企业，经营特定区域的开放数据。把数据聚合后，提供费用，这是它们经营模式的基础。公司应更加注重质量和减少风险，而不是免费数据，这样的聚合器用有吸引力的方式充实自己内部数据之路。

依据最近公布的欧盟委员会的《数据策略》和 2019 年新的《开放数据指令》，我们可以期待以上提到的一些挑战会逐步得到解决。例如，《开放数据指令》承诺公布几个高价值的数据集，由此改善发布策略和处理不完整问题。

公司使用开放数据的行动指南

虽然没有多少关于公司使用开放数据来丰富其内部数据的公开经验，

但我也能够编制出以下常识性指导方针的简短目录：

● 开放数据应当满足公司内部的明确需求。

● 公司正考虑为一定的业务问题采购外部数据，应该考虑开放数据和利基聚合器。

● 在决定使用开放数据之前，检查数据是否具有适当的格式。

● 由于开放数据质量的高度可变性，公司会从一份已确定和批准的开放数据清单中获益，该清单只包括在质量和更新方面有足够可信度的开放数据集。

● 当公司与使用开放数据的第三方和供应商合作时，应该要求他们披露有关数据源和许可证的详情。

● 同所有数据一样，开放数据必须定期和按比例地检查其目的质量和适合度。

● 在开放数据用于生产系统之前，应当进行法律风险的评估。

发布开放数据

如前所述，大多数公司使用而不是发布开放数据。不过，大多数公司会公开部分内部数据也是有其原因的。然而，公司一般不是以完全开放的方式发布所有数据，而是和有限的可信赖合作伙伴共享数据。

着手于开放数据的最常见的原因是参与"数据公益"倡议，作为企业社会责任策略的一部分。公司可能决定公开开放一些数据集，供人道主义组织使用来解决一些重要的社会问题，比如医疗保健、气候变化、饥荒、贫困或不平等（参见第二十一章）。

　　另一数据共享的理由是享受拓展式创新的益处。除了内部数据能满足直接的内部业务需求之外，数据可以帮助推动很多潜在的新商机，然而公司本身无法产生这些机会。通过开放自己数据的一部分，公司能吸引开发者和新企业从公开的内部数据中创造新的价值。

大型组织应该怎样接洽开放数据

珍妮·坦尼森　开放数据研究所副总裁兼首席战略官

　　开放数据是指人人都可以访问、使用和分享的数据。人们通常认为开放数据只是来自政府机构，因为使用公共资源收集数据和允许公众访问数据之间有直接联系。然而，开放数据日益成为非公共行业组织——包括公司和企业——数据策略的重要部分。

　　在开放数据研究所（The Open Data Institute），我们与公司、企业和政府机构合作来建立一个开放、可信赖的数据生态系统。在此处，人们可以使用数据来做出更好的决定并降低潜在的风险。这并不意味着我们相信所有数据应该公开，但是我们确实认为组织——包括来自私营行业——所持有的大部分数据应该更加开放。

　　在 2020 年，欧洲数据门户（European Data Portal）估计"EU28+"——欧盟 28 个成员国和 4 个自由贸易伙伴国——2019 年开放数据的价值为 1 840 亿欧元。预计这个数字在 2025 年将达到 1 990 亿—3 350 亿欧元。

　　商业组织正以不同的方式参与开放数据经济，包括公开、使用、投资开放数据和添加开放数据集。瑞士农业综合企业先正达发布开放数据，以便在它的商业生态系统中建立信任；英国保健和健身连锁企业 Everyone

Active 和其他公司发布开放数据以通过帮助潜在客户找到他们所需的服务来扩大它们市场影响力。大众传媒联合体汤森路透在 2015 年推出 PermID 以助于在金融界建立公开持久的标识符来帮助激励革新。同时，脸书、苹果和微软均为开放街道地图中添加数据，为一个公开授权的世界地图做出了贡献。

在"露天"作业，从数据中兑现公平的价值可以帮助像这样的大型组织与用户建立信任和从直接的社区反馈中受益。

尽管如此，大型组织仍然囤积数据。英国劳氏基金会（Lloyd's Register Foundation）的一份报告强调一些常见的数据共享障碍：商业和法律风险的担忧、对利益缺乏明确性。建立框架来支持法律、道德和可信赖的数据共享，比如欧盟和英国正在发展的框架，能够帮助增强信心。显示组织从开放数据中获取价值的专题研究，比如由开放数据研究所发展的工作，也可增强信心。

开放数据应当嵌入任何大型组织数据策略中，并旨在使其能够实现众多的策略目标，比如招揽更多客户、改善供应链、为广泛的社会利益做出贡献。

为了制定这些策略，组织需要设法解决如下事项：

数据管理流程：支持数据管理、治理和开放的业务政策、流程和实践。

● 知识和技能：在组织内倡导开放数据文化所需的步骤。

● 顾客支持和交往：与数据供应商、数据再用户、数据所涉及的群众和社区建立联系。

● 投资和财务业绩：为了支持数据集的开放，了解自己数据集的价值，财务监督和投资。

● 全局监督：以数据共享和重用为主的策略，指定持有职责和职能的领导来实施该策略。

我们发现，创新、协作和富有想象力的领导能力是成功的最重要决定因素。公司需要这样的领导：能看到开放数据的全局性潜力，设计新的商业模式，愿意对人员、过程和技术进行所需的投资。那些这样做的人不仅为他们自己，而且为整个行业和更广大的社会释放了社会价值。

第❿章
中小型企业的人工智能和大数据

本书是为大型组织和它们在数据与人工智能行程前进中面临的所有决策而准备的。然而，在许多国家，中小企业占经济活动的重要部分。本章探讨中小企业怎样能够使用大数据与人工智能。

中小企业是否意识到人工智能和大数据？它们是否知道两者有什么用途？它们是否知道其中的风险？它们能获得正确的技能吗？不同行业的使用情况如何？这一章是依据我在许多西班牙中小企业讲授人工智能的经验，作为一个雄心勃勃项目的一部分，目的是协助中小企业的数字化转型。参与者包括来自谷歌、易贝（eBay）、亚马逊、西班牙电话公司、软件销售部队（Salesforce）和微软等企业的专家。在西班牙 25 个以上的城市举办讲座，人工智能是 25 个课题中之一。在过去三年中，每个城市大约有 30 家中小企业享用这门课程。

在本章里，我们将概述中小企业对人工智能和大数据的看法，突出它们的数据与人工智能行程如何与大型企业行程的不同。

中小企业对人工智能和大数据的看法

在课程开始时，我设计了一张简单的调查问卷，以便更好地了解西班牙中小企业的人工智能和大数据的状况。调查结果是基于参加第一年课程的 50 多家企业的意见。在下面，我们探究一下部分结果。

除一家外，其他所有参加的中小企业都听说过人工智能。当问及对该术语所含内容的理解时，大部分列举了机器学习和智能软件，其次是思考机器和机器人。值得注意的是，很多人认为人工智能可以涵盖上述列举的各项内容（见图 10-1）。

你理解的人工智能是什么？

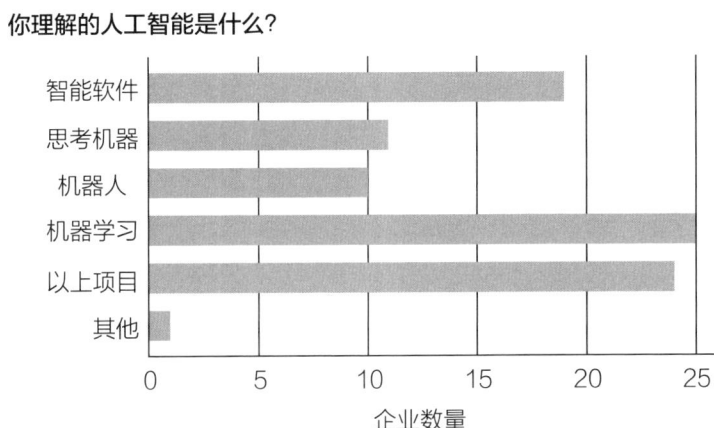

图 10-1　中小企业理解的人工智能

大约 80% 的参加者知道人工智能的应用实例，75% 的参与者意识到该技术所含的风险（偏见、歧视、可解释性、就业前景）。无论如何，大多数人认为机会远大于风险（图 10-2）。

大多数中小企业认为人工智能已经存在，但还会有更多（图 10-3）。

不论如何，中小企业面临的主要挑战是获得所需的技术技能，比如数据工程、分析和机器学习。超过 75% 的人没有机会接触有关的知识（见图 10-4）。显然，这阻碍了对人工智能和大数据的使用。

当被问及它们是否实际上使用人工智能时，大约 10%（6 家）的中小企业表示它们已经使用。近 60%（31 家）的中小企业已有使用计划，而略高于 30%（17 家）的中小企业目前没有使用计划（图 10-5）。

你认为人工智能会给予更多的机会还是带来更多的风险?

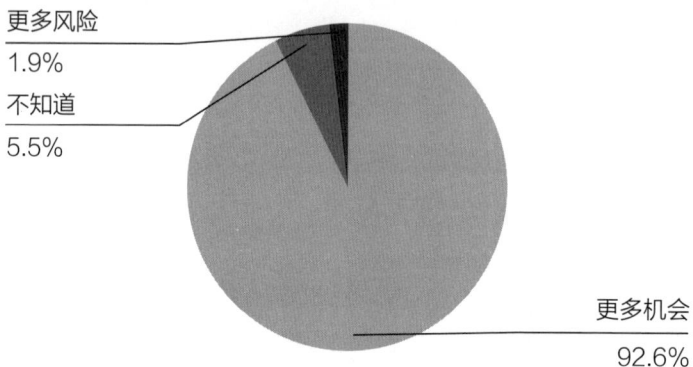

更多风险
1.9%

不知道
5.5%

更多机会
92.6%

图 10-2 中小企业对人工智能会带来更多机会还是更多风险的认识

你认为人工智能是未来之事还是现有的事?

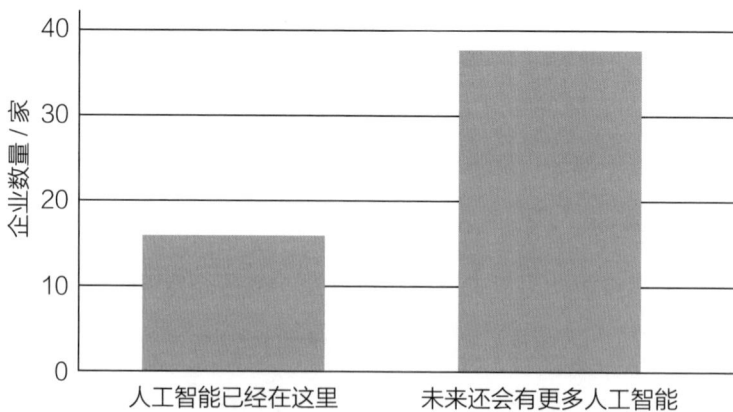

图 10-3 中小企业认为人工智能是现有之事还是将来之事

你们公司是否有具备人工智能或机器学习技能的人才?

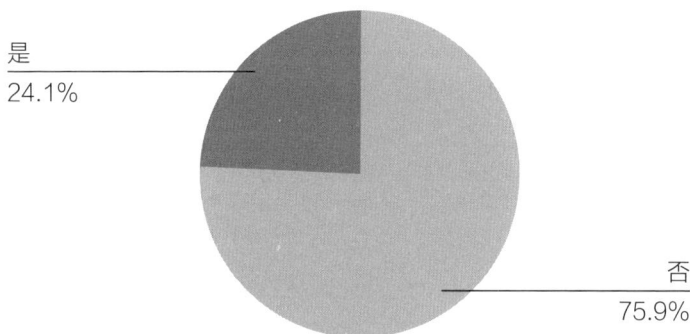

是
24.1%

否
75.9%

图 10-4　中小企业是否拥有具备人工智能或机器学习知识的人才

你们公司正在使用还是正在考虑使用人工智能?

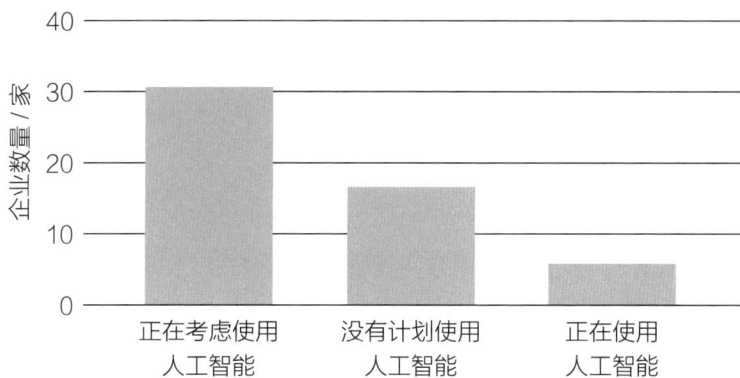

图 10-5　考虑使用人工智能、没有计划或已在使用人工智能的中小企业

　　当被问及使用人工智能已经解决或计划解决什么问题,他们列举的应用包括维修预告、销售、生产、市场分析、顾客照管、营销、需求预测、机器人、机器设计和制造工厂优化。

　　鉴于中小企业在种种行业中经营,此处使用广义的分类,包括服务、技术、工业、消费者、食品和农业;这样,近 50% 来自工业(图 10-6)。

你们的公司属于哪一行业?

技术
1.9%

其他
7.5%

食品和农业
13.2%

服务
11.3%

企业对消费者
18.9%

工业
47.2%

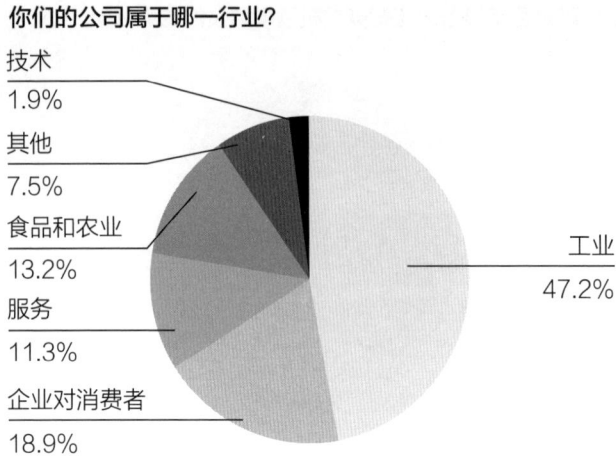

图 10-6　调查的中小企业所属行业

中小企业怎样从大数据与人工智能中得益

大型企业和中小企业之间在人工智能和数据上的差异

为了弄清楚中小企业如何能在人工智能和大数据的潮流中前进,让我们从几个与人工智能和大数据相关的方面看一下大型企业和中小企业之间的差别。表 10-1 给出概括性描述。

表 10-1　就大数据与人工智能赋能,大型企业和中小企业的主要差别

方面	大型企业	中小企业
技术	自有信息技术和平台 大量内部数据源	云信息技术 有限的数据源,比如 Excel、Web、CRM
财务	可观预算	很少或没有预算

方面	大型企业	中小企业
业务	数百可能的应用实例	有限的销售、推销、运营应用实例
人力资源	多技能和大的数据团队	没有内部技能和团队

在技术方面，如我们看到，大型企业有自己的信息技术和数据平台。与大型企业形成对照，中小企业的全部或大部分信息技术往往在云中。大型企业也有数百内部数据源，中小企业通常只有几个，比如 Excel 电子表格、自己网站（website）的数据和客户关系管理系统材料。

关于财务，我们看到大型企业的支出预算高达数千万欧元，而中小企业在大数据与人工智能方面很少或没有预算，当然，对小企业来说，做出重要的前期投资也不可能。至于业务，大型企业有数百应用实例，创造的价值会很可观，而中小企业只有相当有限的应用实例来创造价值。

在人力资源方面，我们看到大型企业一般有几个数据与人工智能团队，而中小企业通常没有任何人员致力于数据与人工智能，也许因为缺乏预算，也许因为难以吸引如此稀缺技能的人才。

以上状况是否意味着中小企业享受不到人工智能和大数据的益处？不一定。像其他新的技术一样，技术的应用首先是由有创新精神的早期采用企业开发的。随后，当解决方案变得更为成熟和自动化，它们就属于小型组织的能力范围。这是正常的新技术民主化过程，对人工智能来说，也没有什么两样（参见第十七章）。

中小企业应用数据与人工智能的必备条件

然而，为了能够启动它们的人工智能和数据项目，中小企业必须准备一些最基本的条件。这里列举几个条件：

访问质量数据。没有数据，无事可成。没有质量数据，很难确信人工智能或分析是否能给出正确的建议或决定。这可能是最难跨过的门槛之一，不是因为中小企业没有质量数据，而是因为它们经常缺乏必需的技术技能来访问数据和检查它的质量。在实践中，小微企业得到技术"朋友"的帮助也许能解决这个问题。对于中型企业来说，把数据部分分包给当地顾问是值得的。

选择恰当的应用实例。和大型企业相比，中小企业有较少的潜在应用实例。但是，首先选择最佳用例的标准通用于大、中、小型公司。根据业务作用和可行性来制作机会矩阵有助于确定用例的优先级（参见第六章）。

分析能力。在上面给出的小型调查中，我们已看到大多数中小企业没有机会接触数据科学家。此外，分包这种能力可能会很昂贵。这是否意味着中小企业不可能享受人工智能的益处？同样，也不一定。越来越多的工具提供开箱即用的机器学习，即自动化了的数据科学家平常所做的工作。尽管这些工具不可能做高级数据科学家可做的一切事情，它们能相当有效地达到50%—60%，一般来说足以满足中小企业的需要。这种工具的最好示例 BigML，为进行数据科学提供图形化的拖放界面。BigML 供应所有受欢迎的开箱即用机器学习算法（详见第十七章）。

结论

虽然大数据与人工智能的应用在大型企业中更为普遍，这并不意味着中小企业不能利用这项强大的技术。越来越多的工具通过简便的图形界面提供机器学习作为一种服务。它们便于非数据科学家直接在 Excel 电子表格程序上应用、评估和执行机器学习模型，使用来自中小企业的数据。

提高数据素养

数据分析、数据科学、商务智能、大数据、人工智能、机器学习和数据讲故事等术语很流行，并深受很多人喜爱。它们并非一时时尚，而是在此停留。

但是，尽管组织意识到收集、储存和处理数据对把它转化为改进决策的有用信息的重要性，大多数组织并不允许实现数据驱动的文化。

新优势合作伙伴最近对 65 家领先公司进行的一项调研，揭示了无法在组织中逐渐灌输数据文化的主要原因。它们是：

- 人员（62.5%）
- 流程（30%）
- 技术（7.5%）

看来，技术、投资或流程并不是压倒性的问题。事实上，市场上有无数的技术处理手段，便于组织以负担得起的价格从数据中提取价值。我们所缺少的是由专门技能人才分析和讲述数据背后的故事。简单地说，根本没有足够的分析专业人员：他们对数据要"说"什么感到好奇，这就要求有黑客的心态和具有分析、数据可视化或数据讲故事的知识。

因此，我们面临着一个文化问题——数据素养问题。它指的是阅读、处理、分析和讨论数据的基本能力。与一般的素养概念一样，数据素养关注处理数据工作有关的能力。

于是，组织怎样解决这个问题？

中型组织主要为其职员提供培训和认证。事实上，它们预算的一半拨给和数据语言有关的技能发展。根据加德纳（Gartner）的 2019 年数据经理第四年度调查，到 2020 年，预计 80% 的组织开始慎重地发展数据知识方面的能力以克服极度缺陷。

小型组织无法为自己的职员承担这样的投资，但可以通过符合资格的顾问来引导它们迈出第一步。这些顾问可以帮助他们制定策略并完成对员工关于数据文化的培训。

无论如何，这是一条无法回头的路。数据已成为一种战略资产。能够这样对待数据的组织将获得比其他组织更大的竞争优势。

第三部分

技术

在本书的第三部分，我们将分享从与技术有关的决策中汲取的经验教训。这不仅关于技术本身，还关于公司所做的技术相关的决定的可能影响。这些抉择经常带来组织未曾预见到的深远后果。

第⓫一章
云还是组织场所

在 2008 年，技术和商业作家尼古拉斯·卡尔（Nicholas Carr）出版了《巨变》（*The Big Switch*）。在书中，他展望在将来的某一时候，云会像我们使用电力一样。也就是说，当人们需要它的时候，它就在那里；如果你需要它，可以插电并付费使用，而自己的计算机无需大量的存储或计算功能。

13 年后的现在，想象成为现实。就消费者来说，大多数人上云听音乐或看电影，比如通过声破天（Spotify）或奈飞（Netflix）提供的流播服务。谁仍然只使用本地设备中的内容？谁还制作个人计算机或移动设备的本地备份，而不是依赖云中的同步副本？在业务方面，越来越多的组织正从内部基础设施转向部分或完整的云战略。尽管办公软件仍然支持本地应用，但它们总是与云同步，比如，微软办公 365（Office365）和谷歌的办公套装（Suite）等办公软件都有云优先的方面。

大多数数字用户都知道和体验过云备份的优势：如果丢失了便携式电脑或手机，你所失去的东西只是商品硬件。所有个人的数据和应用程序眨眼间可以从云端恢复。本章的重点就在于在企业环境里为人工智能和大数据使用云计算。然而，企业的其他应用上云也有很多这样的优势。

为什么大数据与人工智能借助于云计算

让我们从支持大数据与人工智能使用企业云解决方案的论点开始。

从资本投资到运营开支

云的使用允许企业把基础设施视为灵活的运营开支，而不是资本投资。这样可以避免相当多的前期投资，容许"使用付费"的方法。由于对资源的需求很少，没有举动，几乎没有支出只是业务开支增加了。云计算有利于基础设施（费用）的发展与业务增加同步，但是不意味着云计算总是便宜的。在有些情况下，尤其更大的新计划，内部部署不一定很昂贵。

提高敏捷性和灵活性

谁不记得开始一个新项目需花几个月购置和安装好硬件？求助于云解决方法，这都会变成古老的历史。只要能够支付，基础设施的供应几乎是即时的。（当然，如果人们知道该买什么，通常有充足的服务可选，需要努力选择最佳方案。）此外，如果人们需要更多的资源，比如计算或存储，就可以灵活地扩展规模同时相应地多开支。如果所需的资源不多，缩小规模也很容易，自然也会减少费用。在 2010 年和 2020 年之间，这样的敏捷和灵活从创新行动转为惯常做法。

难以抗衡

强大的云厂商每年要投资数十亿美元来改进它们的云产品。它们的创新步伐非常惊人，每年推出许多新服务。没有一家公司，无论其规模如何，都能够维持这种快速的开发；由此，内部的解决方法会越来越落后于云产品。这不但涉及与提高业务的速度和可用性有关的功能，而且也适用于安全方面。这只是一个资源的问题，却使得内部解决方案无法和云竞争。

更新和维护

在云端提供大数据与人工智能服务意味着所有客户能立即得到最新的软件更新和版本。没有必要通过本地更新来实现它。同样，云端服务提供商负责维护和备份，以保证数据的可靠性和安全性。

安全

反对云计算的常见论点是安全风险大，因为数据一旦走出组织的边界，就意味着失去控制。然而，鉴于云数据中心的巨额投资，顾客在云中的数据和软件可能比在本地维护他们更安全。在技术方面，最新的加强安全技术一经发布，立即投入使用；这一点很难在组织内部实现，仅仅因为超级云供应商内置了经济规模。

技术能够解决许多安全问题，但它不能（尚未）消除人为的风险。的确，许多安全问题与人有关：工作人员为执行维护任务（软件升级、硬件维修等）有以管理员身份使用软件和硬件的机会。虽然工作人员得到明确的指令，必须遵守严格的安全规则，他们还是会无意地犯错误，有时很严重。超级云供应商对管理任务使用人工智能和机器人操纵的自动化流程，达到几乎可以无人参与的极端程度。这种程度的自动化并不适用于内部境况，仅仅是组织缺乏足以使所需的投资有价值的规模。事实上，在许多情况下，人是整个循环中最薄弱的安全环节。

迎合人工智能的 IAAS, PAAS, MLAAS

云端有与人工智能和大数据相关的不同产品。最基本的是基础设施即服务（Infrastructure as a Service，IaaS）。使用者把云作为外部资源来存储和计算，但控制自己的计算堆栈。下一个层次是把云作为平台——平台即服务（Platform as a Service，PaaS），特定的大数据与人工智能设施留在基本的存储和计算上面。谷歌的服务包括它的受欢迎的 TensorFlow 和 BigQuery。微软的 Azure 包含认知服务、数据库、机器学习工具等。同样，亚马逊为数据管理和机器学习提供种种服务。PaaS 的优势在于构建块的可用性，解除开发人员组合基础构件的负担，由此他们能够专注于价值创造。它的内在弱点是平台造成的锁定。一旦从某一个大的超级竞争者开始，很难转到另一家供应商。

新的云趋向是开箱即用的机器学习即服务（machine learning as a service，MLaaS）。它便于使用者摆脱数据和算法的细节，把注意力直接地集中在应用上。BigML 是这种供应商之一。使用者唯一需要的是数据；数据上载到云后即经过质量检查。使用者可从许多不同的机器学习模型（监督和非监督两种）中选择、训练和评估模型。如果成功，还可以把它们投入运行。这样的工具真正地把机器学习的能力民主化，走出数据科学家和其他技术人员的圈子，落在业务人员的手中（参见第十七章）。

为什么坚持在组织场所

即使拥有这些优势，仍然有组织更喜欢在自己的场所运行人工智能和大数据系统。其中一个原因是它们觉得如此较为安全，因为一切由公司掌控，而且自己的团队直接负责所有的安全措施。不过，我们已说过，很少有个体组织能够在安全方面与超级云供应商的努力匹敌。另一个经常听到的解释是内部规定不允许公司采用云服务。但是，这论点站不住脚。我听到一些公司声称受到监管限制，然而总有同一行业的另一家公司已经上云。因此，留在内部经常与安全的"感觉"有关，而不是与真正的安全有关。

尽管似乎没什么理由不迁到云端，在做出最终的决定之前，还是需要考虑一些其他因素。在云中运行的软件通常与在内部运行的软件综合成一体。这必然包含新版本和更新需要相互配合以保证业务的连续性。这样，云供应商应该通知它们的客户即将来临的更新，并给予一定的时间以便客户作相应的调整。大组织通常需要很多的时间来安排这样的更新，但是云供应商喜欢运行它们软件的最新版本。因此，大组织了解它们云供应商的更新策略很重要。有些供应商几乎不给任何通知和调整时间。与此相对，另外的供应商更友好，有时——尤其是对大型跨国公司客户——甚至会协商个性化条款和条件。

也有论点反对依赖超级云供应商。例如，它们被指责形成市场垄断。在 2018 年，全球最大的两家云公司，亚马逊 AWS 和微软 Azure，市场的占有率近 50%；排在前面的 4 家公司，加上谷歌和阿里巴巴，控制 60% 的市场份额（DZone，2020）。而且，谷歌和微软的年增长率超过 50%。这现状显示的危险之一是单点灾难性故障的可能性。假如亚马逊 AWS，股价下跌一段时间会对全球的经济产生重大影响。另一后果是经济力量大规模集中在极少数公司上。如果大部分的世界经济围绕少于 5 家云供应商的机器运转，供应商将掌握非凡的实力。

不同的云策略

纯粹利用策略

有不同的上云策略用于人工智能和大数据。纯云策略指所有的存储和计算都在云端完成，而内部几乎或完全没有相关活动。这一方法很受中小企业和初创公司的欢迎。纯云策略的优点，是组织可以选择供应商提供的大数据和机器学习平台即服务（PaaS）产品，从而无须在本地安装专门的人工智能和大数据软件。

与它相对的策略是完全无云，即所有的存储和计算均在内部完成。虽然为人工智能和大数据采用完全内部的途径并不常见，但在大型组织中仍时有发生，这是基于许多年前确定的策略。这些组织一般有相当多的存储和可以支配计算资源，足以支持自己的人工智能和大数据项目。

混合云策略

混合策略意谓内外结合。方法之一是一些工序总是在内部运行，另外一些在云中运行。另一种可能性是流程总是在内部开始，但当额外的负载增加时，它会转移到云端。还有一个典型例子是在云端进行深度学习的训练，因为可能需要大量的负载。内部运行这类程序可能需要几个星期，但云的伸缩性可以减少所需的时间。

如果在选择混合云策略时，组织仍然担忧把个人数据放在云端，可以采取一种以假名化为主的最佳实践。机器学习模型在实际作业时通常需要个人数据，比如，和某一特定客户联系。但在训练期间，匿名或假名化的数据足以满足要求。在这种最佳实践中，含有个人（客户）材料的数据集被保留在组织内部，在上传到云之前，所有数据被匿名或假名化处理。机器学习训练过程在已匿名或假名化的数据中进行，根据特定属性识别客户群。模型完成后，它在内部运用具体的客户数据。以客户流失的业务问题为例：客户自愿脱离品牌。使用离职员工或忠诚员工的历史数据，机器学习可以区分哪些特定特征预示着即将离职者或忠诚于公司的员工。学习这些特征，无需个人数据，且机器学习训练过程在云中进行。保持具体客户需要个人数据，但该过程在内部进行。

结论

我们已讨论了支持和反对在云中运行人工智能和大数据的各种观点。但是，对特定的组织来说，这意味着什么？大体上，由于历史积累，大型组织已经具备了内部基础架构，因此采用纯粹的云策略可能并不明智，特别是考虑到对基础架构的投资回报。然而，人工智能和大数据也许是公司的新领域，目前内部的基础设施在很大的程度上已被传统的信息技术系统占据，这可能提供了采用纯粹云策略的机会。正如前文已提到，这一领域还有很多需要发展，因此敏捷是关键。如果内部基础架构已成为管理传统系统（如开具账单、人力资源、服务激活等）运行的最佳环境，它很可能有固定的流程。在这种情况下，较为可取的方法是直接上云。如果不可能（例如，组织不允许为人工智能和大数据使用云），则可以考虑 Gartner 的双模式方法，它为信息技术提供两种并行的方式。其中一种方式是常规模式，强调弹性、效率、安全和准确。第二个方式是非常规模式，强调敏捷、互动和速度（参见第二章）。

数据在组织场所和数据在公用云相对

把自己的数据迁移到公用的云基础设施是令人十分担忧的举动。但是，为信息技术节省大量开支和易于操作的考虑是很有力的理由。

公用云的大多数好处出自信息技术资源（例如，门户网站服务器、数据存储等）自动扩张或收缩的灵活性，随业务的需求而变化，比如黑色星期五促销活动。所有这些无须提前数周或数月来做计划、购置和安装信息技术设备，也无须在需求高峰期后维护闲置设备，同时花费大量资金维持设备的持续运行。它只需使用信用卡，即用即付。

既然如此，为什么很多公司仍然不采用云计算呢？

对许多面临这一决定的人们，复杂之处是他们在"数字原生"浪潮之前已经开始了职业生涯。或者，即使在较新的公司里，它们的信息技术人员可能也会感到不适，因为基础设施服务由他人管理。

许多公司从公用云中的创新的项目开始，作为一种手段来了解并为把其他工作负荷上云的更大努力做准备。结果是，信息技术团队能对"提升和转移"方法应付自如，即用云中的等效虚拟硬件来取代数据中心的信息技术硬件。然而，通过基础设施即服务（IaaS）的途径迁到云并不提供灵活的资源。它只是虚拟机取代物理机，用新的远程位置扩展了数据中心。再者，基本上没有什么变化，因为数据未曾离开公司数据中心的周边。采用云 IaaS 无法实现信息技术资源自动扩缩的好处。

无论如何，实现所有益处的唯一的途径是，完全采纳云平台即服务（PaaS）。

云 PaaS 的挑战是数据必须上传到公用云。现在，公司的信息技术人员需要踏上探索全新平台的旅途，这充满了不熟悉的服务，从网络和安全到数据导入，一直到内含客户材料的数据可视化。这简直是坐上了信息技术的过山车。

在任何旅程中，拥有关于目的地的地图和一些可靠信息都是宝贵的财富。这样，让我们尝试提供一些背景信息，为旅程做出预测和准备：

网络安全是非常重要的一环，我必须强调这一点。确保获得在这方面最有经验的人才很关键，因为在旅途中，云安全将会是重要事情。人们需要这样的人才来做出很多努力并在新平台建立信任。如果网络安全执行不力，人们会永远卡在审批过程中，因为没有人愿意签字。或者，更为严重的是，虽然得到批准，但是事情进展得很不顺利，如同在数据泄露事件中一样。

● 法律和合规。对负责保护公司的非技术团队来说，云是全新领域，到处是妨碍参与的地缘政治和法律屏障。他们对未知的法律诉讼、监管机构的罚款等担忧是非常真实的，并且可能会影响财务底线和公司的品牌声誉。

● 从几个小赢开始。仔细考虑哪些信息技术系统向云迁移。很明显，应避免从系统运行业务开始。安全的选择是从商务智能、其他分析和报告功能开始。

● 团体进修。企业文化的变化需要几年时间。如此，在每一位成员熟悉新服务后，应该让各团队深入了解自己所需的具体领域（如开发人员、运行、数据等）。

同时，当服务供应商（如 Salesforce、Workday 等）的信息技术被云托管，一些公司通过照管式服务间接地利用云计算。采用软件即服务模式（Software as a Service，SaaS），服务供应商受益于公用云的优势，而客户公司则可以根据服务水平协议的规定来满足自己的需求。

如此，当完成云旅行后，应记得把 SaaS 纳入自己的云成功度量表！

第十二章
局部还是全局存储、是否统一数据模型

除了关于在云中还是在组织场所的决定以外（如在前一章所讨论），大型（特别是国际）组织需要做的另一重要的大数据决定是：数据是储存在地方（在当地业务）还是储存在中央控制的总部服务器，以及是否使用统一的数据模型。这些是重要的决定，因为它们对如何管理数据相关的资产和如何在组织各部门分摊费用影响很大。

重要概念

为了掌握影响这些决定的因素，有必要为一些重要的概念下定义，比如局部存储与全局存储、数据模型的类型。

局部存储与全局存储

对跨国组织来说，重要的是决定在哪里储存数据。存储在总部，还是在某个地方，或者是两者混合？全局数据存储并不一定意味着控制数据。数据可以实际地储存在某一特定的地方，但它的控制和访问仍然由地方业务来管理。然而，这样的选择确实对费用模式、潜在的协同增效作用、进展和增加所需技能的协调配合产生了重要的影响。

统一、非统一数据模型

这一概念包括数据格式和含义，涉及组织范围内的数据存储。很少会有非数字原生组织拥有跨越整个组织的统一数据模型。统一模型便于比较和组合数据，便于应用的提升和转移，遍及不同业务。然而，建立统一的数据模型是一个复杂和缓慢的过程。

存储和数据模型的各种实际方案

那么，大型组织应该怎样着手做出这些决定？在本节中，我们将解释不同的方案，以及它们各自的长短处。这些方案取材自典型的组织管理现实，比如，地方散权组织——权力受运营业务支配，与它相对的是中央集权组织——权力主要集中在总部。当然，大多数公司的运营介于这两个极端之间。我们也将讨论一些典型的中间形式。我们将看到"正确"的决定是紧密地与组织的数据成熟度挂钩的。当涉及分散或集中问题时，据我的经验，很多跨国公司的做法像钟摆，每隔几年（通常是5—7年），形式就会发生改变。

一般来说，集中式的安排形式的优势包括地方业务之间有更好的总体性对齐，以及在费用、技能和市场方面的协同增效作用。它的不利之处包括决策缓慢，因为决定务必与总部对齐。作为后果，该形式意味着地方业务持有较少的自主权。

我认为，人们在依照一种特定的形式（集中式或分散式）行事几年后，就会厌烦在日常工作中处理它的内在弱点。接着，另一形式的优势就会变得越来越吸引人。当形式交替完毕，人们为不利之处的消失感到高兴，开始体验好处，计划妥善地对付"新"的内在弱点。然而，几年后，优势成为"一般"工作方式，它的不利因素变得越来越沉重。最终引发恢复到先前形式的改变。

"权力下放"组织——局部存储、局部数据模型

很多大型的、全球性公司通过收购它们所在行业的地方企业而发展壮大。这样的跨国公司通常采用分散式，即使许多公司会试图精心建造更加集中式的运营和文化。就数据而言，组织中的每一地方运营一般都有由其自主管理的数据平台（数据仓库或大数据平台）。数据平台能在自己场所或在云中运行，由自己操作或交外操作。通常它的数据模型完全由当地业务确定，以适合自己的业务需求。

尽管如此，在共享最佳实践和应用的实例方面，这样的组织能制定出关于协调数据策略的全局方案，甚至能成立某种整体的委员会来负责相关事项。不过，谈到数据存储和应用实例的落实，它们分别由各地方的业务部门来负责。

局部布局的优点包括：

● 行动的速度完全由地方业务的轻重缓急来决定，无需来自总部的协调或准许。

● 地方业务自己负责，体验自主控制。从问责的角度看，这一点很重要，因为成功和失败被认为是地方业务行为的直接后果。另外，从动机的角度看，分散模式鼓励地方业务的主动行动。

● 在运营方面，访问数据的执行时间（速度）由地方业务决定。

完全分散式组织的弱点包括：

● 在总体的公司层面上试图从地方业务汇集数据和见识并不是小事情，因为各地方业务都有自己的数据模型（格式和定义）和平台。

● 某一运营分享来自另一运营的应用实例只节省了有限的费用。虽然可以交流最佳做法的经验，但由于数据的多相性，几乎不可能提升和迁移一个处理手段。众所周知，在实施大数据的应用实例时，相关人员的大部分精力都花在获取、理解和净化数据上，而在分析方面的精力花费很少：数据大约占 70%，分析占 30%。在分散布局里，因为每一地方业务有它自己的数据模型，所以为了实施每个应用实例还需进行数据处理。

● 在费用方面，分散式形式只容许小的协同增效作用。因为每一地方业务已经自主决定了使用什么数据平台，几乎没有多少余地可以利用整体的规模来制定共同的要求和确立更好的合同。

● 当涉及组织的数据成熟度时，分散式形式很适合于处在数据转型行程初期的组织，它们还没有取得能在集团中可供交流的宝贵经验。分散式形式便于自下而上的实验，使得各地方业务有体验机会。获得一些经验后，交流好的和不太好的实践都很有意义。从心理上讲，人们更容易接受的是这些人的指导——他们被认为有实在的经历和好的结果。而且，如果人们自己经历了特定和具体的问题，指导也容易被接受。

未成熟的公司在最早期采用分散式方式的风险在于，大量的精力和投资对准某一方向，它在纸面上很合理，但在实践中行不通。这是在启动期与外部顾问一起工作的风险之一，有时这些顾问会竭力推销他在另一客户组织中获得成功的特定途径（参见第十五章）。

"权力集中"组织——集中存储、统一数据模型

不出意料，相对面适用于集中式组织。在完全集中的组织里，所有重

要数据都储存在中央数据湖或大数据平台，并遵循中央确定的数据模型。集中数据存储便于在平台、工具、运行、团队和技能等方面进行协调配合。统一数据模型便于来自不同运营和业务的数据得到快速、容易的组合，以达到无缝一体化。

很多分散式组织的弱点实际上是集中式组织的优点：

● 容易汇总出地方运营的见识和数据来作为集团范围内的公司纵览。

● 某一地方业务分享另一业务的应用实例几乎是即时发生，因为数据和分析两部分能够按照现有样式转送。

● 能够获得显著的协同作用（在费用和技能方面），因为单一物理平台由单一团队或供应商管理。

相似地，分散式途径的优点成为集中式途径需要弥补的弱点：

● 地方运营的决策时间变长（即更多的繁文缛节和官僚作风），因为一些运营活动需要经过中央操作团队。

● 投资和其他重要决定需经总部批准，以符合公司策略。

● 由于集中管理和操作，总部的大数据费用明显增加。

● 地理上远离总部的一些业务在访问平台时的速度也许会受到影响，这是因为互联网连接度的变动可靠性发生了变化。

集中式形式适用于数据成熟度较高的组织。因为涉及不同地理地域的业务，所以设计和维护统一数据模型不是容易的任务。如果处理不当，这会变成总部和地方业务双方都棘手的问题。中央数据平台的成本极高，只有数据成熟度高的公司才能够负担得起。对这些公司来说，数据的价值毋庸置疑，投资回报显而易见。与此相对的是，明显高昂的开支会吓到尚未成熟的数据的组织。随着降低费用的呼声响起，项目的规模很可能会缩小到最低限度，直到它最终被扼杀。总而言之，对大家来说，这无异于白费时间。

当然，抉择分散式或者集中式途径不是二元制，在这两极端之间有很多路径。我们将讨论其中最常见的两种。

"分权"组织

处于两极之间的典型案例是：组织采用统一数据模型和地方存储、组织采用中央存储和自选数据模型。

全局存储、局部数据模型

这种形式适用于在信息技术方面很强的组织，或者刚刚开始对数据进行投资的组织，而且总部希望在地方运营业务中促进大数据的自发性。在这种形式里，总部为所有感兴趣的地方业务提供访问中央大数据平台的工具。在那里，它们可以储存和访问数据并进行分析。地方业务能够以自己数据已有的模型来储存，不必遵从公司统一数据模型的规定。该途径的优势是为业务放低入门的门槛，因为数据专业知识、平台采购、隐私和安全均由总部负责。

取决于提供资金的方式，中央数据平台的使用也许免费、估算收费或凭实际使用收费。相连的弱点之一是业务因为数据存储的缘故而开始储存数据，但是心中没有特定的业务应用实例（参见第六章）。这当然不完美，但是中央平台肯定降低了开始篡改数据的门槛。另一弱点是，在总部的费用变得非常明显，这也许会引起财务人员的质疑。但是，从数据行程的角度看，清楚地知道所花的费用是一件好事。

集中存储所有地方业务数据的理论优势包括全局分析的便利性。别忘了，所有数据均放在同一个物理平台。然而，只有具备统一的数据模型才能办得到这一点。此外，在数据为个人数据的情况下，由于隐私条款的约束［比如，欧洲的《通用数据保护条例》（GDPR）］，未经客户的明确同意，不允许地方业务之间进行交叉分析或数据共享。但是，如果在数据上传到中央平台之前已匿名化，那么在该中央平台上可以进行上述的共享和分析。在外部储存数据时，为了安全和保护隐私，匿名化是最佳做法（参见第十一章）。

中央大数据平台通常是由内部团队、外包供应商或两者联合运营。无论哪种方式，其管理和逐渐扩展均由一张中央蓝图引导，该图必须兼顾不同地方业务的需求。我发现这并不容易，因为地方业务可能在不同的市场上经营，这就要求大数据平台提供的特征不同。因此，较为常见的最终蓝图包含许多平台特征，并会增加费用和延迟优先级较低特征的交付。这种状况显然会导致需要使用这些特征的业务部门的抱怨。与这一方式有关的另一难弄的情况是复杂的版本管理，因为不同的业务会运行平台的不同版本，所有版本均需集中维护。发行的计划以总体的优先事项和可得预算相配为基础。的确，经验告诉我们，很难令所有业务同时称心如意。

可能的解决方法是，让真正需要一定特性的地方业务支付开发费用。这样会在发展路线图上加快该特性的进展，使其在下一次发布中可得。一旦该特性可用，则其余业务均可享用。"付费"的业务得以满足，深感欣慰。同时，其余地方业务也可以访问该特性，即使其未列在自己业务的重要事项之中。

这一途径的另一个可能问题是，地方业务不喜欢倚靠由总部管理的全局路线图，声称它们的市场非常特殊，由中央来处理的手段不适用。有时，这种关注源于技术问题，比如访问中央平台的执行时间不足；有时，它更是感情的反射，地方业务希望自己不依靠总部。可能的解决方法是，如果没有特别地做出决定，那么所有业务服从公司关于中央平台的策略；如果地方业务对这一方针有意见，它们可以上提到执行委员会，为自己的选择辩护。如果得到许可，地方业务能走自己的路；反之，它们必须遵从公司的数据策略。另一部分的问题可以用相同的方法来解决，这会涉及当中央平台建立时地方业务已有了本地的大数据平台，且它愿意继续在本地作业以分期偿还它的投资。

局部存储、统一数据模型

最后讨论的途径是，数据储存在业务的所在地（在自己的场所或在云中）问题。基于持有共同的数据模型，它的通用定义和含义由总部和所有的附属业务商定，由总部和地方业务商定该数据模型包含和不包含什么内容。简言之，一个统一的模型确定了所有的概念、属性和可能值。已同意的模型有两个极端。交集只确定所有业务共有的内容，并集包含任何地方业务使用的一切东西。现实中，采用的模型通常介于这两极之间。交集的表达能力通常不足以涵盖所有业务需求；并集通常会冗余，使统一模型变得臃肿，难以管理。恰当的方法是，从交集开始逐渐地收入由不同地方业务证明有理的额外概念。这样，至少能够保证同含义的分歧概念最终可归结为单一概念。

跨国组织在总体范围内使用这种统一的数据模型有很多益处，这些被描述为集中式数据途径的优势。某一地方业务的成功应用实例能够方便地转送到另一业务，因为它省略了数据整合的步骤。还有，由于标准化模型的存在，使得贯穿不同业务的全局性见识也成为可能。例如，"活跃客户"一词的定义在所有业务中通用。此外，存储和访问仍属地方控制，这一实况必然要求数据管理的一些重要部分仍归地方业务自主掌握。

当然，也有和统一数据模型相关的挑战。其中之一是统一模型的必要性，这种建议一般来自总部，必须说服地方业务以及让它们对这种想法产生信从。很自然，地方业务喜欢保持自己掌握数据的策略，实行集中与这一概念冲突。因此，组织应当预料到对集中式数据途径的抵制。需要做出大量老练和机敏的传播才能取得所有业务的携手合作。一个也许行得通的招数是制定鼓励参加统一方式的措施。例如，采用统一模型的地方业务可以重复地使用靠统一数据模型支持的分析性应用实例，遵从该数据模型的业务会有权免费使用代码和算法，同时非采用者无法利用这些资产（反正，它们的数据模型也不兼容）。

当地方业务赞同采用统一数据模型的必要性并决定使用它后，随之而来的就是复杂的迁移过程。的确，从局部数据模型过渡到统一的公司模型不是轻而易举的，它可能太复杂以至于不能在短期内执行。替代方法可以是地方业务执行双重政策：维持自己的局部数据模型来运行大部分业务——与往常一样，新的应用和分析使用统一模型——通过用统一模型的方法来展示或公布局部数据模型。如果成功，随着时间的推移，所有内容均可在新的数据模型里得到。届时，局部模型可以关闭，日常事务（BAU）完全依赖统一数据模型来进行。

统一数据模型的另一挑战是它的进化和相应的版本管理。很明显，数据模型不是固定的，而是随着在不断变化的市场中的业务而演进。制定统一数据模型的首版已经是很艰难的任务，它的演化会带来新的复杂性。当某一特别的地方业务需要一个新的数据概念，它可以向负责统一数据模型的中央团队提议。随后，该团队对新的数据概念进行评估，决定它是否合理。如果通过，这一概念将加入中央数据模型，由此产生新的版本。接着，新的版本交给申请它的地方业务。这样，某一地方业务就持有了新的版本，然而其余业务则继续使用原有版本。人们能想象出必需的复杂版本管理工序，包括更新版本和维护一定的前期版本。本质上，这个管理过程和软件更新管理没有什么不同。但是，它需要更多的精力和谨慎对待，否则就会失去控制。

这种模型的不利之处是，同意、定义和实施一个统一的数据模型肯定要花时间。在此期间，必须有专拨的资源且不能用于其他短期的目的。对一个跨国组织来说，如果在十多个地区和国家经营，人们应当设想为整个过程安排几年的时间。显然，这个过程中不可缺少的是很多组织的耐性。

所有这些理由和因素显示，统一数据模型一般适合于已有几年大数据经验的数据成熟组织。在数据行程的初期试图采用这一方法很可能导致失败，因为地方业务只有较低的信从。在转型的起始阶段，业务喜欢用数据来进行探索，以便能够更好地了解其价值、更快地理解具体的挑战。在这期间，强行推出统一的数据模型很可能会适得其反。此外，如果询问为什么统一数据模型确实适用于较为成熟的组织，可能的回答是它们遭受过缺乏统一模型的"苦难"，那个"苦难"能帮助证实为此付出努力的价值。

结论

观察不同的组织和总结它们的经验，我们可以做出如下结论。跨国公司在数据与人工智能行程的起始阶段更倾向于在当地进行尝试，使用当地的数据模型和局部存储处理手段。而较成熟的组织则趋于转向更为全局的统一解决手段，因为它们已经品尝过完全局部途径带来的苦楚。当然，也有例外，一些组织直接采用了全局方式。这并不意味着它们必败，但这些组织必须清楚地认识到所面临的挑战，并恰当地进行应战。

那么，对准备开始数据与人工智能行程的跨国公司来说，哪种数据存储形式最适宜？基于本人的经验，我建议：

- 进行地方尝试，即采用不同地方的业务试验。

- 辨别最佳做法。

- 归纳最佳做法来确定一个总体的方法，并使其在整个集团内推广。请留意，最佳做法在此可指局部处理和全局处理两种手段。

- 借助于工序流程和资源把中央推动的项目作为资产来管理。

- 自然，许多组织今天不会认为它们处于这样的境况，因为它们已经在自己的数据与人工智能行程中取得了一定的进展（也许并不直截了当地做出所有决定）。如在本章中描述，它们还是能从其他组织的经验中学到很多有用的东西。

数据质量的价值

我们已经读过了好几次，如果希望做好人工智能，必须具备大量数据。然而，不常见的是对人工智能提供的服务质量和它训练使用的数据质量之间的关联作探讨。在信息来自大批不同系统的环境中牵涉不同的技术方法和持有不同的服务级别协议（SLA），确保一致性、连贯性和可测质量至关重要。

在西班牙电话公司，我们决定从基层开始往上处理这个问题，我们从零开始设计通用的数据词典，确保相同的实际总是以相同的方式描述。该词典称为统一引用模型（Unified Reference Model，URM），由若干类别组成，包括客户、流量、网络、企业、平台、见识等。遍及很多实体（超过

400，仍在增加）。相关的变量（逾 6 000）详细地描述业务的每个方面和可能的组合。

通过最少量实体的组合，我们可以建造现实，它的详细程度由具体的需求而定。出于分析的目的，汇总的信息——考虑到特定的一段时间和兴趣群集——就能执行任务。关于特征化和个性化，如果我们计划使用机器学习的产品，那么实体和变量的数量会显著地增加，旨在保证良好的训练可以得到足够的时长。还有，在使用深度学习时，我们可能会通过可支配的全部数据中的显著部分来使神经网络高效率地学习并标出失败的尝试和注重需要改进的已得结果的质量。

无论如何，在所有的情况下，数据的质量由它的元数据来表明，为算法取得可能的最好结果提供所需的信息。URM 支持批量和实时数据，满足深度和潜在的需要。逐渐发展 URM 是可能的，因为数据管理的方法正从人员推动向系统推动演变。每当数据集引入人工智能平台，就会对之进行数据质量分析，附上对它做出详细说明的元数据。每一算法知道那些数据的可用性、时间性和最低质量处在什么程度。

迁移到完全由 URM 控制的模型是一项历时多年的任务，它需要我们通过创建复杂的人工智能产品来支付费用。否则，它不会在我们的公司里落地生根。

第十三章
在哪里运行分析

在前面的章节中，我们讨论了在哪里和以什么方式储存和管理数据：地方或中央，自选或统一数据模型。在数据之上运行分析需要做出类似的决定。分析应在总部还是由地方业务运行？它应该由数据团队还是由各个业务单位来运行？

在本章中，我们将讨论不同方案的长短处，并把有关决定和数据行程的各阶段相连。人们将注意到，当总部和地方业务相对时，关于分析的讨论与关于数据的讨论很相似。但是，差异也是存在的。分析功能能在不同的机构之间来回运动。数据功能总是需要某种集中性的见解，因为在组织内"真实"只有单一的来源。如果数据功能在不同的部门或业务之间扩散，那么它带来的显著风险是不同的业务会使用不同的数据，由此增大另一风险——以数据为基础的结论不一致。

概念的定义

在进入深一步的讨论之前，我们先要给一些重要的概念下定义。首先是关于数据和分析之间的差别，我们假设大多数读者都会熟悉这一差别。数据是载体，表示现实世界中的事实和状况，与一定的（业务）问题有关。分析是过程、任务、算法、活动，等等。它们在数据之上运行可以描述或分析当前状况，预告什么事情可能发生，或指示将来需要采取什么行动。因此，数据和分析紧密相关，两者为同一价值链的组成部分。没有数据，就没有分析；没有分析，数据也无法创造价值。

对跨国公司来说，有关决定会涉及两个层面：

- 在集团层面，分析是在总部还是在地方运营业务系统进行。

- 在每一运营业务层面，分析是集中进行还是由每个业务单位分别进行。

在复查组织中的情况时，重要的是记住这两个层面，如图 13-1 所示。如果没有考虑层面，支持或反对的论据是相似的；但是，作为相应的决定，论据的重要性可能不同。

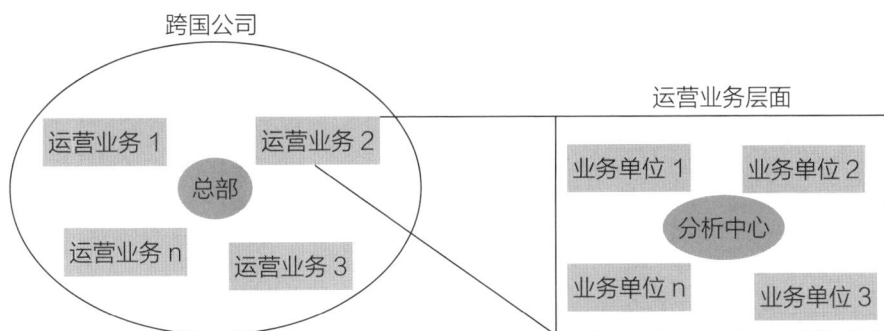

图 13-1 分析决定的两层面配置

重要决策

基于给出的概念，如下是关于分析的重要决定：

- 组织是否设立卓越中心，面向总部和运营业务？或者，每一运营业务是否对分析功能负全部责任？参见图 13-1 的左边。

● 在每一运营业务里，是否设立中央的分析机构，比如卓越中心，面向它的所有业务单位？或者，每个单位是否有自己专设的分析功能？参见图13-1的右边。

以上决定属于极端情况，实际的决策通常处于两者之间。例如，总部可能在分析方法、工具和软件方面行使协调性的职能，而运营业务则执行分析任务。或者，总部可能负责照管那些具有全局、跨市场作用的分析性应用实例（即在所有的运营业务范围内实施），而每一运营业务负责照管专门适用于局部市场的分析性应用实例。

另一重要的决定点是分析职责是属于数据职能，还是归属于一个独立的职能组（参见第三章）。我们将在本章的其余部分中看到，每一方案各有它的利和弊，恰当的决定通常是和组织的数据成熟度相关的。

卓越中心途径

许多大公司都以设立卓越分析中心作为它们开启数据与人工智能行程的标志。这样的实体意味着成立了由分析和机器学习专家组成的专业团体，负责从数据中创造价值。在理想的境况中，卓越分析中心应享受顶级管理层的支持，拥有划拨的年度预算。如此，铺下一条现实的途径来把数据和分析绘入公司路图。常见的是，从一开始，公司在市场上极力招募分析领导为卓越中心注入经验和信任。卓越中心负责一般策划和领导公司的所有分析项目，它的使命是为组织示范以及实现数据和分析的经济价值。卓越中心会与各运营业务或业务单位进行合作，通过数据分析来解决业务问题。

取决于数据成熟度和体制安排，卓越中心能够聚焦于分析或机器学习部分，也许还需要照管取得质量数据的访问。在较为成熟的组织里，一般有特定的数据机构。比如，首席数据官的管辖区，照管数据访问和质量。然而，在组织开始数据行程的初期，分析中心经常需要照管数据价值的全链路。决策者意识到这一点很重要，因为高薪分析专家（数据科学家）如果不得不做大量的数据工程工作而不是分析，他们也许会感到懊丧。经理们常常把数据工程与数据科学（分析）混淆，认为两者同义。但是，这样的误解也许会挖他们数据策略的墙脚。适合卓越分析中心的最佳实践是，中心同时看重数据科学和数据工程，并拥有两方面的技术人才。

在前一节的讨论中，跨国公司可以在两个层面上设立卓越中心：集团级别（HQ）和运营业务级别（参见图 13-1）。上述的考虑适用于这两个层面。

设立卓越分析中心有它的优势：

● 聚集和重视稀缺的数据人才。这对公司有益，因为它会收到重要的信息。这对中心的人员有意义：他们会有归属感，参加一个关键的新项目有机会使他们出类拔萃和发挥作用。由此，极大地激发了他们的积极性。

● 集中所有的分析活动便于生产临界质量，从而在短期内获得实际成果。这对在组织范围内维持声势来说必不可少。卓越分析中心并不是没有花费的实体，其他业务也许会妒忌和质询这项投资。展示切实的结果能有效地排除这些障碍。

● 所有技术人员聚集在一个单位里会引人注目从而促进大家的学习热情。分散在组织各处，每个人只能靠自己的人际网来解决困难问题；而在同一个地方，大家可以方便地对技术难关提出问题，相互找短处，最终制订更好的技术解决方案。

● 卓越分析中心未来会吸引队员，因为它体现了组织对数据与人工智能的信奉。鉴于在这领域里招聘人才很费力，这一点就显得尤其重要。

● 致力于这样的战略倡议比较容易，对特定的业务需求没有直接的短期应用。

● 专拨给卓越分析中心的总部预算明确显示了组织正在进行分析投资，如此便于合理地决定为获得结果应做多少投资。

这些长处不是免费可得的，而是伴随需要妥当解决的截然不同的短处：

● 在某种程度上，重要的是让卓越分析中心能够自己立足，使其能够得到许可使用数据和分析来探索以及发现机会。这样获得知识和经验，随后能够应用于业务问题。然而，应当注意的是避免造成孤立的单位与业务脱节。经验证明，这是确实存在的风险；同时，业务单位也许把中心看作为一群技术书呆子玩弄乐趣的东西，而不是解决业务的需求。减轻风险的一个做法是设置特定的职能，在分析专业知识和特定业务需求之间起联系作用。这个职能被称为数据翻译员、联络队或者业务合作伙伴。他们可以依地理区域、应用实例或优先事项来进行安置。

● 卓越分析中心必须满足不同业务单位的需求。当数据和分析成为日常事务——它们现在是运营的正常方式，中心有发展瓶颈的风险。毕竟，它的资源和人力是有限的。如果需求大于负载量，那么随之而来的是划分优先顺序，这也许会在中心和未得到服务的业务之间造成紧张关系。这种状况必须小心处理。解决方法是设立公司范围内的分析或数据理事会，成员来自所有业务单位，是一个强调透明的决策过程。

● 我们已经知道组建分析中心的花费很有用，但是带有风险。当缺乏显见的结果时，公司也许会开始琢磨是否能得到足够的投资回报。如在第八章提到，经验告诉我们取得实际财务结果的最大时间限度是18—24个月。因此，任何卓越中心应当设法在最后期限之前交付有形结果。一条有

效的途径是选择适当的应用实例来设计和发展，如在第六章中讨论的
那样。

● 卓越中心是有作用的，尤其是当公司发现它们的地方业务或业务单
位里有数据与人工智能活动，并且了解到存在大量的重复工作和错误，还
缺乏通用的方法时。但是，我们也看到，卓越中心需要投资，因此需要顶
级管理层的赞同和支持。

地方途径

分析和人工智能的地方途径指分析和机器学习的职责位于运营业务或
业务单位。在组织明确地决定由总部来制定数据与人工智能的策略之前，
这种情况很常见。甚至在数据与人工智能被视为是数字化转型策略中的重
要部分之前，很可能在不同的单位里有些数据与人工智能的拥护者，他们
在数据中看到机会，利用自己的资源在这个区域里发动倡议。取决于这些
拥护者，这些项目或多或少会引人注目。能够畅所欲言的拥护者在引起顶
级管理层对数据与人工智能的关注方面起到重要的作用。

地方途径的优点很清楚：

● 它与业务相近。也就是说，所有举措均由业务驱动，试图解决实际
的业务问题。这与卓越中心的途径形成对比，有时中心的新方案会较多地
由技术驱动。

● 由于分析为业务服务和由业务来操作，所以速度完全由业务自己决
定。如果分析解决了一个重要的、紧迫的问题，那么就能得到更多的资源。

● 在本地成立的分析团队（即使很小）给地方业务带来了自主力，由

此增强了责任感。

● 鉴于所有投资均为地方投资和来自已有的已经批准的预算，所以不太可能产生抱怨。

话虽如此，缺点也不出意外：

● 组织学到的东西很少，因为每一个分析运行者都是独立工作的，没有与大的社区连接，这导致错误在组织中的各处重复出现。而且，同行之间互相学习的机会很少，其结果是进展缓慢，积累的经验很少。

● 可能的重复工作和投资。当几个地方项目平行展开，伴随的风险是多次购买同一许可证、错过与供应商谈判的机会、获取同样的数据或人工智能平台等。

● 吸引数据与人工智能人才的不仅是工资，它也涉及为这些专业人员提供有活力和激发力的环境。我多次听到，这些人求职不只是为了工资，而主要是为了做复杂和令人振奋的数据工作而带来的挑战。数据科学家、人工智能工程师和数据工程师属稀少资源，他们有许多不同的机会可选择。由于这些理由，地方分析团队很难吸引高级人才。

● 大多数数据与人工智能的应用只是直接满足了具体的业务需要。因此，它很难从事也许有长远重要影响的战略活动，错失了为将来打算的机会。

与数据成熟度相关的典型或理想方案

每个组织不同，因此不可能制定适用于所有组织的单一方法或策略。但是，可以辨别出一些模式供组织参考。

在认识到数据与人工智能是数字化转型策略的明确要素之前，很多组织已有单独的地方项目。常常是归因于这些地方举措，高层领导才能得知这些强大技术的可能性。

在顶级管理层完全被说服后，下一步是成立卓越分析中心。这经常与设置数据管理职务（首席数据官）并行，职责包括照管数据和中心、使用分析和人工智能创造价值。功能和职能两者的建立标志着数据行程迈出了主要一步。它产生的临界质量，向组织、投资者甚至客户传送有影响力的信息。这些组织，已经应用在具有能力强的首席数据官和工作顺利的卓越分析中心，会在它们的数据与人工智能行程中取得显著的进展。

接着而来的步骤是逐渐把分析职责移出卓越中心，向业务移近。最终，需要解决的问题是业务，而不是卓越中心。数据成熟的组织会把中心的注意力放在创意的新应用和技术上。随着时间的推移，中心的使命从教授组织数据与人工智能，转移到评估新技术和机遇，以及把成功的新事物引进运营的核心。简言之，焦点从改变管理转到创新。但是，虽然卓越分析中心更新了它的使命，但首席数据官的职责保持不变。数据总是需要在公司范围内进行管理以维护"真实且只有单一版本"。

结论

总的来说，一条典型的、验证过的、引向成功的分析功能的道路应有如下形状：

- 活动从地方开始，由分析的拥护者推动。
- 组织认识到分析的重要，把分散的活动集中在卓越中心。
- 创建公司范围内的分析社区，助力密切技术专家和业务人员之间的联系。

● 分析团队作为卓越中心经过几年的实践，变得技术熟练和经验丰富，与不同运营业务或业务单位维持密切关系。

● 当达到足够的分析成熟度，把分析职责移回到业务是明智的选择，以便于使用数据与人工智能来解决急迫的业务。

● 卓越分析中心最终将着眼于新事物和创新。

关于跨国公司在两个层面的决定，如在图 13-1 中展示，一个行之有效的方法是首先在总部建立卓越分析中心，为不同的运营业务提供服务。当达到一定的成熟度，可以在每一运营业务层面建立卓越中心。当该中心足够成熟后，把分析的职责尽可能地移近业务。这样，利于最大限度地扩展数据与人工智能的益处，因为分析能力是由业务直接负责的。

这是称为数据民主化的第一步：把数据与人工智能的益处移出特定的圈子，放在每个职员都够得到的地方。在第十七章，我们将仔细讨论数据民主化的观念。

应该在哪里运行分析，地方还是中央

地方运行还是中央运行？这是一个极好的例子。简单的问题，并不简单的回答。首先，让我们解释与背景有关的"运行"一词的含义。我认为它是这样的能力：涉及设计、构建、操作数据和分析（data & analytics，D&A）的能力。

在我本人 22 年的职业生涯中，有 16 年是在世界各地的不同全球性组织中度过的，我看到过许多 D&A 运行模式。诀窍会包含如下要素：企业文化、公司的管理形式（权力集中或权力下放）、数据成熟度程度（包括技术和技能）、地域的足迹，不一而足。

万能的途径不存在。相反，要想成功，必须十分灵活地适应境况。例如，作为数据转变行程的第一步，一个组织可能决定对 D&A 事务实施集中式管控，因为地方的 D&A 能力还未成熟。该组织因此在建立数据方法、标准和政策方面支持业务实体，并且对跨越实体的应用实例进行投资以显示数据的价值。文化适应也可以纳入这第一步。在技术方面，该组织还可以决定建立全球数据平台以合理化开支。随后，该组织可扶助实体驾驭。

地方实体凭借现有的、中央提供的各方面能力，比如技能、数据平台、最佳实践、应用实例、资源的共享等，会加快自己数据基础的发展。在某一时刻，地方实体会获得足够的能力。相应地，全局性策略需要进行调整。

除了定期重审 D&A 策略的需要以外，还需要考虑其他方面。例如，用集团资源为某一实体发展数据应用实例，明显地不同于帮助地方实体提高它们的 D&A 以利于实体自己发展相同的应用实例。通过教授来帮助是一个更为可持续的方式。

另一例子涉及预算：支持地方实体建设它们的 D&A 基础并不意味着集团需要承担一切费用。毕竟，白得的东西经常得不到足够的珍视。集团花的每一美元都应当被视为促进地方实体长期成功的投资。集团不应该遮住数据的实际花费，应该帮助实体了解开支情况并揭开真正的价值。

最终，数据是资产。无论公司采用哪一种 D&A 运行形式，重要的是确保在整个组织内数据被当作资产来看待。

我经常把首席数据官的汇报线作为测量组织数据成熟度的尺度：首席数据官离总裁有多远？其属于信息技术还是某一业务机构职能，或者坐在中级数据办公室的首位之上？D&A 的安排无疑是它运行模式定义的显著部分。

第十四章
数据采集策略

到目前为止，我们已对数据做了大量的讨论：怎样处理数据、在哪里储存、以什么格式储存等。但是，我们还没有讨论数据从哪里来。这是本章的主题。

数据不是千篇一律的资产：取决于不同的行业和组织，存在各种各样的数据，每一类型都有它自己的特征。数据可以是结构化、非结构化、半结构化，内部的、外部的，传统型或数字型。因此，对一个组织来说，重要的是制定数据采集策略以确定收集什么数据和什么时候收集。数据收集会耗费资金，因此需要纳入预算编制。

数据充裕

我们生活在数据充足的年代。研究表明，数据量呈指数增长，从 2000 年的 1—2 艾字节（百亿亿，exabyte）到 2020 年的 40 000 艾字节。而且，今后总会继续增加。关于数据，重要的是区别第一方、第二方和第三方数据。简言之，第一方数据也称内部数据——由组织生产，源自组织自身的运营和活动。第二方和第三方数据指外部数据源。组织访问第二方数据，需要通过签订协定的合作关系。第三方数据从市场上采购，一般从一系列外部数据源中选择。

大多数大型组织踏上数据与人工智能行程时把焦点聚于第一方数据，这也是本章的主要着重点。第一方数据直接与组织的业务有关，因此对这些数据与人工智能启程者有明显的价值。虽然，一些行业有较为丰富的第一方数据，其他行业也许需要依靠第二、第三方数据。例如，电信，银行和科技巨型公司（例如谷歌、亚马逊、微软和苹果）拥有丰富的第一方数据。与此相对，保险业经常缺乏第一方数据中的重要部分，因为在该行业中，销售和客户关系的数据通常留在保险经纪人和代理人那里，他们管理价值链中的相应部分。保险公司拥有的客户数据通常只限于银行账户的信息，因为需要依据该信息来支付客户的索赔。

总的来说，数据丰富这样的现实并不意味着数据采集是琐碎、容易和免费的。恰恰相反，数据采集是个复杂的流程，作为数据策略中的核心成分必须得到明确的管理。

从传统型到数字型的数据源

公司的传统数据源包括客户关系管理系统、账单数据、交易数据、物品商店的数据、客户评估相关的数据——比如净推荐值。实际上，为分析和重复使用这些从多种来源收集到的数据就已经是技术上和组织上的挑战。

随着世界和商业变得日益数字化，新的数据源已经进入视域。这些包括网站数据、出自应用程序的数据、产品和服务相关的使用数据、社交媒体数据、电话服务中心的内容数据、位置数据和其他数据。此外，传统数据通常已结构化。但是，很多数字数据源没有或只是半结构化，比如电话服务中心的内容和社交媒体的数据。能够从这种来源中析取相关的信息之前，经常需要人工智能技术的处理，比如自然语言处理、语音识别和图像识别。

内部电信数据源的示例

现在，让我们看一下电信业中一些典型数据源的例子。重要的来源之一是网络数据。电信供应商会习惯性地收集网络使用数据，由此开列账单向客户收费，包括通话详细记录、收集客户通话和短信。当今，这些数据还包括扩充详细/数据记录、收集数据消耗量（上传和下载的兆字节）。还有第 2、3、4 代移动通信技术的通话详细记录和扩充详细/数据记录，很快会得到的是第 5 代数据。此外还有服务质量数据，它来自载有各种移动技术的天线地点数据。正如我们在其他章节中看到的那样，这种网络数据具有很大的作用，同时也很独特，因为没有多少行业能够提供同类的数据。我们应固定网络供应相似类型的数据，比如，通话、通过非对称数字用户线路和光纤的互联网使用。

许多电信供应商也提供电视服务，因此生产了新类型的数据，它们来自电视观众。该数据可用来改善业务。Netflix 是利用这类数据之王，它以推荐算法而出名：它可以根据观众看什么节目、在什么时间和用什么方式观看，为观众建议下一次看什么节目。Netflix 甚至通过对观众数据的分析帮助该电视网将自己的系列片《纸牌屋》（*House of Cards*）转成为非常成功的片子。利用数据分析，Netflix 找到了一般观众的偏爱之处，然后把此结果编入这个系列片中。

除了电信数据源之外，还有出自典型信息技术系统的数据源，如企业资源计划系统、客户关系管理系统、人力资源等。它们均可产生有用的数据，可用来创造商务价值。

为什么数据采集不像人们想象的那么容易

　　人们持续存在的误解是，出产数据的（大型）组织可持有数据，并对之进行汇集、储存和使用。与这误解相符的是，甚至有些人认为数据传播是一件简单的事情：数据就在那里，它的分享像传播信息一样。很遗憾，事情根本不是这样。收集、储存和（重新）使用质量数据是复杂的流程，要求注意力、时间、奉献和预算。众多原因说明了为什么数据收集比初看时要费力得多，更糟的是，一些原因在同一数据源同时出现。让我们详细考虑一下其中的原因。

自己的数据在供应商手中

　　很多大型组织把自己的部分事务外包给供应商。例如，开具账单系统或人事资源系统由一个外部组织来运行。人们也许会认为开单和人事数据是自己的所有物，但是这些数据实际上存在于供应商的信息系统里。交外办理关系是需要签约的。然而，也许出人意料，组织很少关注与数据访问有关的特定条款。它们历来只注重交外办理的任务能正确地得到执行，持有合格的服务级别协议。但是，在数据年代，执行和对生成数据的访问一样重要。

　　我看到的最严重的状况是这样的合同：规定数据是供应商的财产，不能与客户组织分享。这听起来挺荒谬，因为这些数据是清楚的、完全的关于客户组织的数据。但是，合同中规定的任何条款基本上都能强制执行，只要双方签了字即可。因此，重要的是在签订合同之前处理好这一点，那时还有协商余地，可以集中全部的注意力去争取数据条款。而一旦签署，也许就很难更改。

我也看到这些状况，双方完全没有任何关于数据访问的条款。这经常是因为供应者和客户两方只考虑服务（任务）的落实，而没有考虑数据的潜在价值。到了一定的时候，当客户组织要求访问数据时，各种情况会出现：

供应商输出数据到客户组织，是否收费取决于供应商所花的气力和费用。

供应商说数据输出行不通，因为花费很大而且需要几个月的时间才能办理。

供应商允许客户访问任何数据，进行分析和获得见识，但收费。也就是说，数据访问成为客户与供应商签订服务中的一项。供应商日益意识到数据的价值，力求为自己保留那些价值，而不是送给客户。

对组织有益的教训很清楚：指示自己的法务部门去查看所有供应商的合同是否含有数据访问条款（从新合同开始，然后推广至所有现存合同）。在签订前，双方要协商访问的公平性。这虽然是简单的手续，但数据不成熟的组织很难做到这一点。

数据之战：网络数据

许多年前，我请求一家网络供应商给我的公司一些来自移动天线端的已匿名化的网络数据。直到那时，我们主要使用的表示活动的数据还是通话详细记录。我们希望挖掘出被动数据能用来做什么事，例如，手机会连接到不同的天线，该数据会记录在有关的网络经营商的某处。我花了一年半的时间，支付了可观的费用，才收到该数据的一些样本。在此期间，我收到了很多道歉：为什么不可能、需要相当多的发展、开支昂贵。今天的世界已经在数据方面变得较为成熟，这样的交往也变得不那么复杂。

几年后，我参与了从一家供应商那里购买网络服务的事务。在采购的过程中，有详细的信息请求和需求方案说明书，还有工作流程着重于访问和收集有关的网络数据。希望和我们一起工作的每一个供应商都必须明确地说明该流程的可能性，给出如何访问的技术细节。在这两次"数据访问"经历的 5 年之间，事情发生了很大的变化。

语音数据之战

几乎所有大型组织都使用了电话服务中心。除了解答客户的请求外，中心得到了许多耐人寻味的数据，比如抱怨、产品兴趣、客户满意等。这些数据历来由代理人收集，他们为手工会话打分和分组。除此以外，还有自动记录的数据，比如日期、时间、持续时间，等等。这是关于交谈的一种元数据，不但可以用来了解电话服务中心自己的业绩，而且还可以提供有关公司业绩的重要见识。无论如何，当与元数据结合后，会话本身就含有了大量的信息。这是访问语音数据（音频文件）之战开始的地方。

数据成熟的组织对访问音频文件非常感兴趣，因为把它转录成文字后就可以利用自然语言处理技术来分析种种有关信息。有时，通过声音分析甚至能够知道客户对话时的语气（生气、激动、高兴、抱怨）。分析能在聚合层面上进行，或在得到客户同意后，在个人层面上进行。对数据成熟的组织，重要的是把这类数据和其他类别数据相结合。换句话说，不是把电话服务中心的音频数据抛进筒仓，它应当在数据平台上与组织的其他数据进行汇合。

现实情况是，大多数大型组织要么把它们的电话服务中心完全外包给供应商，要么使用市场上存储和音频文件分析的软件产品。大部分供应商和产品能提供音频到文字转录和文本分析。但是，根据我的经验，大多数供应商拒绝让组织访问具有相应元数据的原始音频文件，因为它们想把提供"按需分析"作为自己商务模式的一部分。从供应商的角度看，这完全可以理解，但这是损害组织利益的数据（收集）策略，因为电话服务中心的数据被迫放入了筒仓。

我花了几年时间去努力争取得到访问原始音频文件的权限，但没有成功。唯一的途径是在现有的、昂贵的合同上支付额外的数百万欧元。看来，与在网络供应商领域出现的事情相反，语音供应商领域继续设法全方位关闭。

由此我学到的教训是，在签订合同之前，人们应该对访问权限进行协商和达成协议，而不是在缔结后试图追加。

设计的数据采集

大多数大型组织如今都有应用软件，客户可以与它们进行交流、访问产品和服务。人们会感到意外，为什么这么多企业仍然只是注重软件的特色和功能，而忽略了需要收集什么数据。几年前，和较为传统的渠道相比，应用软件的使用几乎是趣闻，但是在今天，应用软件成为任何渠道策略的基本支柱。因此，重要的是，作为数据采集策略的组成部分，在设计阶段，组织要考虑什么数据能够收集并明确决定将收集什么数据。此外还要考虑其他因素，比如开支和隐私。这样的决定看起来很简单，但是在大型组织里实施却很复杂。应用软件通常由一个业务机构指定，然后外包给专门从事应用软件开发的第三方，但是没有（或只是表面上）考虑数据收集问题。让我们看一下在市场上投放的应用软件，对它有很多描述。例如，当询问特定的用途，得到的回答是"我们不知道"，或者得到的回答是下载的次数。在许多情况下，我们很清楚在设计中没有注重数据收集。《精益分析》

（*Lean Analytics*）给出了很多关于收集什么数据和该数据服务是什么目的的有益教训。

这里给出的重要教训是，在设计新的渠道或产品时，人们应当总是考虑可能的数据收集。还需要酌情考虑的是，应用软件或产品应该成为数据采集策略的一部分。再者，为了做出关于收集什么数据的最好决定，数据专业人员和隐私专家需要参与决策过程。

需要在客户端部署数据收集

一些数据收集涉及硬件和软件，典型的例子是利用电视机顶盒来收集电视观众数据。这些电器编程时能设计收集一定类型的观看（观众）数据。显然，在机顶盒安装在客户端之前，它们不收集任何信号，但是把电器运送到客户端却不是组织愿意做的事。这是数据收集的一个极端示例，而且花费很高。但是值得深思的是，在运送任何电视机顶盒之前，应该考虑收集什么数据，并考虑投资的回报。

机体的筒仓

即使数据收集只依靠软件不涉及第三方供应商的情况下，它的落实还是很棘手。很多"传统"的公司仍然以筒仓方式运营：或多或少独立的机体，相互之间没有什么交流和协作。想象一个组织，它的特定部门负责运行采购系统，该系统用于处理和储存所有采办。这些年来，该系统聚集了大量的数据，对其进行分析，有助于更好地了解采购工作的习惯，为节省开支辨别模式，甚至为一定种类的采购建议有关的供应商。然而，如果该部门的负责人不愿意参加分析项目，保守其数据机密（除了上报以外，不与组织的其余机体分享），就很难收集采购数据并把它储存到组织的大数据平台。随着组织改变自身的观念模式——作为数字化转型的一部分，这种行为并不是广泛存在。但是它可能会继续出现，因此在制定数据采集的策略时应该考虑这样的问题。否则，它也许会严重地耽搁路线图的实施。

从数据访问到数据存储

如我们在前面章节中看到，得到对数据源的必要访问是一回事，正确地储存数据却是另一回事。数据源通常散落在组织的各个机体中、在自己所属的场地中、在云中、在第三方那里，等等。如果缺乏明确的政策，关于应该在哪里储存所访问的数据（如本章所描述），那么有效的数据采集策略不会生效。不恰当的做法是在当地储存数据，与数据源相近，如此会导致数据筒仓的出现。认真地对待它们数据行程的组织应当具备这样的存储策略，能保证正确的数据管理（出处、质量、许可等）和便于应用实例对数据的简易访问。任何组织都可以被视作为一层数据源，有产生数据的物理财产、信息技术基础设施、产品和服务。所产的数据需要以连贯和可管理的方式来收集。在西班牙电话公司，这些层次分别划为第一平台（物理财产）、第二平台（信息技术基础设施）、第三平台（产品和服务）和第四平台（数据平台）。数据采集策略说明了每一平台应该怎样向第四平台提供与它有关的数据。

个人数据的隐私

不言而喻，如果收集和储存个人数据，任何数据采集策略都需要考虑隐私规则以保护数据。根据我的经验，大型组织在这方面向前跃出了巨大的一步［在欧洲，无论如何，归因于《通用数据保护条例》（GDPR）的监督], 都在认真对待隐私忧虑。

开放数据

最后是开放数据问题(参见第九章), 以及是否把这类外部数据看作组织数据采集策略的一部分。开放数据由一个组织发放, 任何人都可以免费和无限制地重复使用。它的基础想法是, 如果数据被许多个人和团体重复使用, 而不是由数据持有者严守, 那么它所创造的价值会更多。最后, 数据是"非竞争性商品", 是耗不尽且可以被反复使用的。

尽管大型组织使用开放数据离主流还很远, 但是此事的确已经发生。在许多国家, 对公共机构来说, 公开发布数据是义务。而对大公司来说, 这几乎不存在。使用开放数据为组织增加的价值是, 它不但免费并且可以充实内部的数据源。如果组织打算使用开放数据, 该数据应当成为它们的数据采集策略的一部分。尽管开放数据几乎好得令人难以相信, 但我们在第九章中看到, 在对业务至关重要的数据活动中使用开放数据却带来众多的隐患。让我们来概括一下:

第一, 由于数据是外来的, 对质量和出处也许有疑虑(这一点需要被领会)。此外, 在这里透明性很重要。

第二, 随着时间大多数数据都会过时, 因此需要不断进行更新或再生。这就涉及了标明更新的频率, 开放数据并不总是可靠。

第三, 存在责任问题。开放数据经常(由公共机构)免费提供, 因为该事务是强制性的。但是, 该义务是关于发放的, 而不是关于质量或更新的。这样一来, 如果一个组织在其数据价值链中的某一点使用开放数据, 但是该数据部分失效(过时、没法得到等), 人们就会遇到问题。如果一个组织在向客户提供的付费服务中使用开放数据, 那么该由谁来对服务负责

（法律上负有赔偿责任）？是供应服务的组织，还是供应开放数据的机构？在实践中，开放数据的发放者并不负有赔偿责任，因此组织需要意识到这一点。

数据采集策略应该包括什么

到此，我们应该清楚的是为什么连贯的数据策略对组织很必要，如果它们期望从数据中创造一致的、可持续价值的话。务必对数据采集给予重视。如果在数据策略里对收集没有明确的说明，当希望使用数据与人工智能来解决业务问题时，无例外地会带来进度的耽搁和人们情绪上的挫折。

在策划数据采集的方针时，组织应该注重以下方面：

收集什么数据，在什么时候收集。如我们在本章中看到，数据收集应当以应用实例为引线（业务的需求决定需要什么数据）。数据收集应该得到关注，因为设计会产生数据的新产品和服务。轻重缓急的顺序和可利用的资源会帮助我们绘制相关的路线图。

数据在哪里储存，以什么格式储存。这涉及前面已讨论过的云存储和自有场所存储（第十一章）、局部存储还是全局存储，以及统一数据模型（第十二章）。数据储存在云中还是在组织的附属场所？集中储存，还是分散储存在各地理区域？数据照现有的格式储存，还是由地方业务自主确定？或者，它是否以统一的数据模型储存？这些决定都很重要，因为它们对时机的掌握和预算会产生影响。

费用估计和预算分配。如我们在本章中已经指出的那样，与普通的看法相反，数据采集不是无足轻重的流程。因此如果没有给该事务分配预算，它很可能得不到办理，至少可以肯定的是，它不会按计划办理。

努力拆除筒仓。尽管组织可能不愿意在策略文件中明显地提到这一点，但人的因素值得重视。一些大型的传统组织还是由相互不配合和交流很少的筒仓组成。拆除隔离，要求筒仓把自己的数据储存到公司性质的数据平台，可能会遇到初始阻力。从组织的角度看，这样的抵制毫无意义；但是，从人的角度看，理由很明显。到最后，数据就是力量，而人们不喜欢失去影响力。

第十五章
与外部供应商和伙伴合作

很多组织在其数据与人工智能行程中的某一点决定与第三方合作。本章讨论组织为什么会合作、各种合作形式、学到的有关可行途径和潜在隐患的教训。

为什么组织会在数据、分析和人工智能方面与第三方合作

各组织有许多理由来聘请第三方协助它们的数据与人工智能行程。这里给出其中的一些理由。

缺乏知识和经验

典型的动机是,刚做了登程决定的组织根本不知道如何或者在哪里开始。很多数据和分析供应商能够提供任何组织所需的服务来帮助它们启动行程。一个典型的例子是首次执行应用实例,包括数据收集、数据质量评估、解决特定问题的分析。另一个典型例子是建立(和运行)大数据平台,或者进行寻找应用实例的练习,辨别什么应用实例对一个组织最有吸引力。

扩大"数据"带宽

和第三方合作的另一普遍理由是增大内部数据团队的带宽。这现象经

常出现，尤其是当组织在它们的数据行程中已有进展和取得一些成功时。好的结果会激励组织做更多的事情，但是如果自己的队伍无法扩大，外包一些工作——比如特定的应用实例也是很明智的。与此相关的财务理由是，组织打算做更多的事情，同时也有预算。无论如何，并不少见的是，数据与人工智能机构有运营开支的预算，只是没有许可增加额外人员。在这种情况下，外包很合理，因为活动量增加了，但是人员数量没有增加。

扩大支承的信息技术带宽

如我们在第二章中已看到的那样，数据和信息技术密切相关。总体而言，一座大数据平台是一个信息技术系统。在许多组织里，它的运行、维护和发展均是信息技术团队的责任。但是，组织中的许多机体也需要信息技术的支持。因此，数据团队的进展取决于信息技术团队给它预定的工作日程安排。受全局优先事项的影响，相应的时间安排可能列在数周甚至数月后。如果日程安排阻碍了一个重要的数据项目，数据机构也许会决定把该任务包给外部的供应商，仅仅是为了能够将日期往前移。交外办理的最好方式是与信息技术团队密切配合，这样，当到了分配给数据团队的使用信息技术系统时，信息技术团队可以确切地知道外部供应商已做了什么工作，进而能够高效率地随机行事。

数据相关活动的外部评定

公司在数据与人工智能转型中进展了几年，持有一些技术、运营流程和体制安排，也许想知道它们是否做事对路。自己做的决定把它们带到现处的位置，境况通常比开始的时候要好得多。但是，在对目前的工作形式投入更多的资金之前，组织希望有把握地做出正确的前进决定。如此，后退一步会是明智之举，请外部专家对目前的数据状况进行评估和评价。这样的评定通常包括面谈和细看有关文件（信息技术、流程、人力资源政策、体系结构、安全、隐私等），以了解和记载事态。与组织的主管、专家和数据领导交谈后，拟订出组织将往哪一目标前进的愿景。最后，专业公司和该组织合作绘制一张从这里到那里的路线图，包括计划制定责任和投资预算。

创意和新的、美妙的事物

创新是组织希望和外部伙伴合作的另一理由。外部的专业知识能够协助组织学习数据与人工智能方面的最新事物，了解新发展能否解决业务问题并带给组织新机遇。这样的举动一般会涉及和初创企业或者大学的某种合作。当组织开始在市场上寻找可得产品之外的创新解决手段时，通常意味着它们在数据、分析和人工智能方面已有了重要的经验。这也说明，它们在数据与人工智能行程中已经取得了真正的进展。

数据民主化

当组织达到一定数据成熟程度（参见第四章），拥有能创造价值的、高效率的数据团队，也许可以开始探索如何在数据专业人员圈子之外普及这种新能力。如果数据团队创造了可观的价值，想象一下如果整个组织广泛参与这项活动，会带来多么巨大的价值。数据民主化是一个复杂的过程，涉及新技术、新的工序，以及人事部门参与的培训和讲习班。因为民主化是公司实现数据驱动的关键部分，我们将在后续的章节中做一步的讨论（第十七章）。

同第三方合作的形式

与第三方合作的形式取决于最终的合作目的。让我们来考虑其中的一些。

目的在于短期或一次性合作。那么适当的选择是订立以项目或时间和材料为基础的合同把事务外包给第三方。这合作方式适用于"完成一事"的目标，且除了合同内含的基本知识转让之外没有从交外办理中学到更多的强烈需要。

目的在于长期合作。更为适当的选择是伙伴关系。伙伴关系以可信任的关系和价值公平交换为基础。好的合作伙伴关系是各得其所的事业，无须为每项任务进行艰难的谈判。同时，合同的另一方能依赖诚实的、透明的报告和质量上乘的工作，无须担忧陷入令人遗憾的业务关系。此外，真正的伙伴关系会考虑到双向的公开知识转让。

目的在于在组织内把工作内部化。对于新的数据与人工智能活动，公司没有经验但是有意开展。于是该公司聘请第三方到自己的场所实施有关项目，并且一旦项目完工，确保自己能够运行、维护和逐步发展所得的结果。这类合作的一个变形是 BOT 模式（Build：构建、Operate：运行、Transfer：转让）。合作以外包办理开始，第三方建立一个系统，然后运行。当该系统运转起来后可解决初步问题，并且若运行顺利，那么操作和知识立即可转交给订制该系统的组织。随后，组织可以自主地进行运行、维护和继续发展该系统。

合作取决于收购、投资，或两者结合。当组织已经具有数据和分析基础，正以一致的、有条理的方式来创造价值，也许还打算在短期内显著地扩大规模。自主地发展需要时间，如人员录用、入职和培训等。在这种情况下，收购一家利基公司也许很合算。例如，设想一家大公司，已在总部和运营业务两个层面上建立了可观的数据能力。如果它突然希望把能力翻一番或加快数据行程的进展，也许购买一家咨询公司是个好的选择，由此一夜之间可以使数据专业人员的数量加一倍。这正是西班牙电话公司在2015年采用的扩展手段，那时它收购了做大数据的精品咨询公司协同合伙人1。此外，另一个声势较弱、可快速扩展能力的途径是，投资一家数据公司，委托它办理组织的工作，然后根据业绩来增加或减少工作，甚至还可以收购整家公司。

不论是采取哪一种合作形式，与第三方搭档都会带来这样额外益处：引入组织很难获取的外部的市场专业知识。

具体的经验和潜在的隐患

在这节中，我将描述在特定境况里的一些实在的合作经历，在此没有给出有关公司的名称。让组织认识到这种状况有助于它们在处理类似的状况时做出明确的决定。

在一个项目中，我和一家外部咨询公司一道工作，为的是把一个成功但是复杂的应用实例扩展到不同的运营业务里。我们自己已经在一些运营业务中开始实施，并打算在整个集团范围内加速推广。我们的目标是取得更多的带宽，不过长远的计划是所建立的系统将由我们自己维护和逐渐发展。这就要求使用完全透明的处理手段。该供应商对这一要求有异议，认为知识是有价值的财产。这是他们和另一公司一起工作才获得的知识，但不愿意给予完全的透明性。该供应商担忧我们会出售这一处理手段，与它直接竞争。

在另一个项目里，我们和一位不同的顾问共同来执行关于客户流失预测的典型分析与人工智能应用实例。我们有预算，但没有许可增加人员。在这个项目中，我们体验了充分的合作，所有编写的代码均具有透明性和完全的知识转让。由此，我们能够自己运行所建立的系统。

在一个视频分析项目中，我们和一家大型咨询公司一起工作。该公司把分析部分的任务转包给另外一家公司，后者并不是我们所期待的这一方面的专家。这两个原因导致了复杂的互动，最后，我们不得不提前终止这个项目。

在一个跨越地理区域的项目中，我们从一家主要的大数据平台提供商那里购买了许可证，通过昂贵的服务级别协议签订维护合同。然而，因为该提供商位于不同的时区，办公时间不重叠，所以服务出现明显可察觉到的滞后现象，造成了影响很大的长时间延误。

最终，我们聘请了一位顾问来帮助我们寻找应用实例，根据它们对业务的财政影响划分优先顺序。这位顾问在相关的领域里有显著的经验，能够切合实际地估计财政影响，交付成果。

结论

在本章中，我们看到了为什么一个组织希望和第三方一起进行数据相关的活动。我们也看到了各种形式的合作，和它们各自的长短处。一个组织的数据成熟度是在选择最佳合作形式时的重要因素。

处于数据行程早期阶段的组织很可能依靠第三方来利用外部的专业知

识和启动特定的新方案。而那些在行程中已取得进展的组织通常会寻求外部的帮助来扩大和加速事业的发展。然后，该事业在组织自己的数据团队中进行内部化。数据成熟度更高的组织会在数据中寻找创新机会，考虑投资甚至购买数据、分析结果或人工智能公司以加快行程的进展。

无论何时与第三方搭档，组织应该一直谨慎地避免被锁定。在这种情况下，很难改换供应商，因为大部分（如果不是全部）知识由第三方持有，而不是组织。此外，锁定会带来较高的费用，因为供应商知道，组织转到另一供应商所支付的费用会更大。

交外办理大数据与人工智能的经验教训

随着大数据、机器学习和高级分析的大量涌现，很多组织担心会错失行动的机会。如此，越来越多的组织匆忙行动，执行新的方案，以兑现它们所意识到的成为数据驱动型公司的利益。

然而，其中有很多公司还没有完全懂得怎样着手实施这些项目。更重要的是，它们不知道怎样和从哪里开始。此外，它们没有真正地考虑大多数项目失败的两个关键因素：数据访问和数据质量。尽管这看来似乎不可能，但也有组织已经踏上了数据转化行程，只是还并未真正地把数据作为关键的策略资产。

在开始数据转型或数字化转型的行程之前，组织必须进行成熟度评估，测定自己站在哪里、辨别间隔、标绘出前进的步骤以及期望达到的最终目标。

据我的经验看，组织经常会省略这关键的一步，而主要着眼于技术交易。一些组织给供应商发出需求方案说明书，但这些供应商完全不了解业务，以及业务如何能够（和应该）把数据作为关键策略资源来利用。组织应该对自己的数据转化行程深思熟虑，并必须得到最高管理层的资助。

组织能为办理大数据或分析项目选择不同的供应商，或者同一供应商。这样的决定完全由它们自主做出。

取决于成熟评估的结果（必须是外来的评估），一个组织决定把一部分或整个大数据和分析项目外包给一家或多家供应商。或者，它能决定由自己落实该项目，如果它已经发展起来或获取了所需的专业知识在内部实施。

如果决定是外包给一家供应商，那么此供应商必须能够出示在所需的级别它已经成功落实过的项目，并且承诺能够为组织落实项目。

为了交付强有力的数据驱动策略，供应商必须展示如下方面的经验（我的电信服务公司从西班牙电话公司的审查标准中改编出如下要求）：

● 实例发现。这一步骤有助于筛选优先级应用实例，以确保它们切实可行、具有显著商业影响，并充分利用组织的数据资源以最大限度地增加大数据和分析的价值。

● 管控。采用最适合于组织和优化数据价值的数据治理准则、步骤和政策。

● 组织的发展。这包括运营和人事方面，最好通过进行成熟度评估来实现。

● 大数据架构。它由实施大数据 / 分析生态系统的技术路线图来确定，为执行应用实例必备的系统服务。遗憾的是，大多数组织过分注重这方面，反而损害了自己的整体进程。

● 策略采用 & 路线图部署。这包括列出任务、行动和可交付产品的综合清单。所列内容必须得到落实以助于组织在以上给出的各方面得到发展。

最后，选择交外办理的组织应当确保供应商能够展示它的制作是如何在以上提到的各方面改变组织的，并和组织当前的状态相比。我从经验中学到，理想的供应商会在所有方面有效地做事。更重要的是，供应商必须尽量与组织打交道，充分了解该组织打算如何把数据当作关键的策略资源来使用，使其变成真正的数据驱动型企业。

供应商必须与所有业务单位建立密切关系，制作必须是业务引领，而不是信息技术引领。供应商不在受雇组织的场所中工作是无益的，尤其当两者的场所很相近时。此外，在一个跨国的组织里，中央或集团办公室通常负责推动流程。如果是这种情况，组织必须分步执行。最好的是在几个运营国家里进行试行，确保供应商在计划和实施阶段的所有行动都100%在试行国家进行。集团内将作为试点的运营业务应该参加供应商选择的阶段，并应当得到主管领导的资助。

供应商和组织应当认为它们是行程中的伙伴，参与项目的所有团队之间必须保持紧密的关系。

第四部分

人事

本书的第四部分关于人事。在写本书的时候，一切关于数据与人工智能（和其他）的策略决定均由实实在在的、活生生的人来做出。这也许会在未来的某一时候发生变更，但是目前还是由人来决定。

一家公司的人力资源——它的职员——在采用人工智能和大数据的进程方面发挥重要的作用。良好的组织文化必不可少，而不胜任的组织文化会拨动数据转变的制动器，致使一切事情吱吱嘎嘎地停止下来。

第 十六 章
争取抱怀疑态度的人

纵然一个组织的策略已经很明确和清楚地传达了，但总是有一些人会抱怀疑态度，会消极地抵制改变。在大型组织中，这种现象相当常见——几乎总是出现，这种情况应当得到处理。在这方面，数据没有什么差异。最佳实践是和"拥护者"或早期采用者一起启动变革，而不是和持怀疑态度者站在一起。在一些情况下，人们需要与怀疑者一起工作。尤其是当怀疑者是重要数据的主人，或者负责特定的大数据或人工智能的业务时（参见第六章）。

怀疑者的动机是什么

以下情况并不少见。你已经进行了机会矩阵的分析来权衡业务作用和可行性，用这种方式来选择最好的应用实例。但是，当你和将受到该应用实例影响的业务主管交谈时，其告诉了你类似这样的事情："我从事这项业务已经很多年了，不需要其他任何东西来指导我的工作。"或者"我已经知道我的限制是什么（业务目标、规则等），因此没有什么可加的。"你可能还会听到："我不需要人工智能或大数据，除非你能够展示在某个与我相似的业务中，它是如何成功地运作的，以及结果是什么。"瞧，就是这样。你非常热情地召开会议，但得到的是懊丧的情绪，你不得不寻思为什么会有这样的抵制。

这样的反应可以出于不同的原因，其中包括：

● 对变革的一般抵制。很多人在他们的舒适区工作，所以会抵制把他们移出熟悉环境的任何事物。

● 担忧没有把工作做好。分析性应用实例几乎总是关于改进业务或减少开支的。如果数据/分析机构显示存在改善的可能性，一个业务主也许感到其会受到指责，因为自己没有首先提出同样的倡议。

● 忧虑被视为缺乏创意。如今，许多组织都大力强调创新的重要性，并且期望领导班子把创新的探索和应用作为常规事务的一部分。

● 对支配的顾虑。数据、分析或人工智能项目的协作要求贯穿业务区域的数据共享环节，这自动地需要透明。从前，一个业务主管负责控制数据，由他决定如何理解数据并提交结论。现在，其他人也可以做相同的事情。这让该业务主管感觉到控制（和权力）的减弱，且会无例外地使自己受到比以前更多的批评。

因为这些原因和其他原因，经历无效的第一次会议并不奇怪。但是，从这些抵制新数据和分析倡议的人们身上，你所学到的教训是什么？

成功地和怀疑者一起工作的对策

当某一业务的负责人拒绝配合数据或人工智能的新方案，自然而来的回应是上报，然后使用正规的批准来迫使其参加。这取决于业务主管的级别，正规的批准意味着两位高级主管做一次会谈，或者它意味着携手合作的直接命令。无论哪种途径，正规的批准也许会迫使业务主管接受，但这不是最适宜的手段。其会对大家说"是的",但实际上却以"不是"的形式行事。或许,其会拿出各种各样的借口和人造障碍(隐私、安全和保密为流行的关注)来阻碍进展。或者,这个业务主管会简单地少拨资源,致使进程耽搁和没有牵引力。

虽然没有总是能够说服怀疑者的诀窍,但如下是一些我所学到的教训,即用过的行得通的窍门:

● 在业务区域里寻找拥护者,其对探索新的做事方式感兴趣,喜爱创新。

● 使初始的合作不被人们广泛关注。

● 开始携手工作,建立信任,了解问题,使数据或人工智能能够真正地改善业务负责人的状况。

● 努力改进雏形,与拥护者一起讨论所得的结果,确保其能充分地理解良好的业务作用。

● 拥护者在业务区域的范围内把雏形的结果社会化。

● 支持拥护者向业务主管展示工作和成果,强调项目的控制和所有权完全归属该业务区域。

如果业务主管明白工作的实质,并把这项工作看作是其所在区域内的活动,那么它就不会被当作形成具有威胁性的事物。反而,这项工作会显现一个机会来展示出自该区域的创新和改进。当达到这一点时,业务主管很可能充当数据与人工智能的发言人,向组织的其他部门传播。

这条途径的主要方面是,从一开始,项目的所有权和领导以及结果的功劳,都归属于业务区。数据、分析和人工智能机构经常会声称所有权,把结果算成是自己的功劳,淡化业务对结果做出的努力。在实践中,这样的行为会产生不利的影响。然而,如果成功地在业务区就位,数据和分析/

人工智能团队就会得到认可和赞赏。如果不是公开地，起码好处会以下年度预算的形式流入分析和人工智能的运营环节中。

这是我早期犯的错误：成功地完成一个和某业务单位合作的分析项目后，我在公司论坛和主管会议上公布了这个项目和结果，但没有告知可能被卷入该业务单位。显然，如此行事得不到该单位的欣赏。我们要使这样的错误不再出现。

结论

当开始新的数据、分析或人工智能倡议，与竭力合作的业务主管们一起启动它们总是有益的，他们是名副其实的变革拥护者。然而，如果由于某些原因，这是不可能的话，人们需要与抱怀疑态度的业务主管一起工作。在这种情况下，应设法把相关的业务部门作为项目的公认主人，如此项目就会被视为出于内部而不是来自外部。再者，把全部的功劳归于业务区。随着时间的推移，几乎所有持怀疑态度的业务主管都会转变过来，甚至成为人工智能和大数据的热衷宣扬者。耐心点儿，态度改变会需要几个月，甚至一年或更长的时间。（如果不是这样也请保持耐心，反正他们很可能很快就退休！）

值得考虑的另一个重要方面和大型组织有关，当启动应用于所有业务区域的数据/分析项目时。不要忘记任何被卷入的有关部门和机构。如果它们被忽略了（尤其是当它们本应该参与时），它们也许就会成为贬低者而不是促进者。在大公司里，经营业务一般有中央的总公司部门和对应的地方部门。例如，就数据、人工智能、分析而言，它一般在总部有机构，在每一运营业务里也有机构。就一个特定的应用实例而言（比如，改进营销活动），它涉及全局的营销区域——隶属于首席运销官和地方的营销区域。在许多数据项目中，信息技术起了重要的作用，它被安置在总部和地方层面上。教训是，为了取得完全的成功，任何项目都应该包含有关的总部和地方部门。如果不是这样，除了伤害感情外，这个项目沿着价值链会慢慢地在某一点停下来，或者至少进度会受到耽搁。

例如，一个营销分析项目没有从一开始就卷入地方营销部会遭遇问题，尤其是当需要进行试点工作时。没有当地的营销团队，试行无法实行。可是，地方团队未必会参加技术的设计和营销方法的设计，因为总部的营销团队具备一切所需的知识和经验。

当然，不利的一面是，在任何项目的开始，太多区域和人员都参加了会议。为了避免这一局面，恰当做法是举行一次开幕会议，参加者包括所有潜在的相关部门，以后就只激活所需的个体区域。这样的做法至少能够使大家知道开展的项目在一定程度上得以参与。（如果不是这样，人们可以借鉴本章中给出的其他教训。）

第十七章
数据民主化

当组织已具备基本的数据功能后，比如照管数据访问和质量、分析和机器学习、给业务交付真正的价值，这意味着它们达到了一定程度的数据成熟。这已经到了采取下一步的时机，是时候扩大价值创造的规模，使其超出挑选的数据专业人员的小圈子。

经过了初始阶段，可使用两种方式来扩大以数据为基础的价值创造，且这两者并不一定相互排斥。

● 通过增加资源来扩大数据和分析机构，由此它们能够承担更多项目。

● 民主化数据和分析能力，由此组织里的更多职员能够交付（和导出）价值。

在本章中，我们将看到这样的爆发点，在此将它与集中发展的大数据与人工智能倡议相比，我们发现数据民主化会变得更加有效。

发展数据团队以满足对见识和分析的更大需求

当数据的基本资源已在适当的位置后，组织通常会采取发展数据团队的步骤来覆盖更多的区域。在此阶段，组织尤其是顶层——已经明白了数据生产财务价值，提供清楚的投资回报。因此，它们准备就绪，可以投入更多的资金以增加数据的经济价值。

　　发展数据机构和扩大卓越中心的方法相似（第十三章）。当存在足够的业务牵引力，专家团队为分析起见而进行分析——没有已辨别的业务需求——这样的问题几乎不存在。无论如何，仍然重要的是和不同的业务区域建立密切的关系。例如，制定一个近似于业务伙伴的模式是很有利的。在此条件下，特定人员有责任弥合核心业务区域和分析能力之间的鸿沟。该方式（发展卓越中心）的另一关键部分是设立组织范围内的数据或分析理事会。理事会成员需要定期地决定怎样把有限的中央数据和分析资源划拨到业务区。为了跟踪和管理数据分析团队不断增加的需求，必须建立一个需求管理系统，以便有条理和一致地划分轻重缓急顺序。

　　但是，随着使用数据和分析来创造价值活动的不断增加，发展中央团队来满足不断增多的需求同时还可以保持功效有限度。随着时间的推移，通过数据或分析理事会来安排优先顺序变得越来越费力，因为它不可能满足所有业务需求，同时业务区必然会变得不耐烦。这是组织需要迈出下一步的时机。它们需要把数据能力民主化，把该能力放到更多职员的手中，从而使他们实现数据自立。

数据民主化

　　数据民主化的过程是指逐渐地使越来越多的职员，凭借自助的概念，拥有能够利用数据的能力，并能从数据中创造价值。设想一个组织由需要数据的不同层级组成，更多的层级能够逐渐地铺入，通过依靠已有层级使新铺入层具备能力。这就是在组织范围内扩大数据规模的方式，也并不需要大量投资。换言之，如果 0 层是卓越中心，1 层由其他十分需要数据的 250 名职员组成（并且他们能够学习技术必不可少的东西）。当这 250 位职员达标后，他们可以引进另一层级的 250 名职员。这一过程一直由卓越中心指导，并得到人事部门的支持。重复此过程，直到整个组织都能拥有数据使能和分析使能。

过去，所有类型的分析由一队工程师来进行（即数据专业人员，比如数据科学家、数据工程师和统计学家）。今天，已有一些这样的工具，用易于使用的界面来覆盖技术复杂的任务。这种趋势会继续，越来越多的工程性任务将会变成懂技术的非工程师的可做之事。当然，自助不可能适用于整条数据和分析价值链，但它可以是民主化的其中一部分，通过把好用的工具提供给遍及广大地区的、具有业务或商务责任的使用者。

自助的数据和分析工具

目前市场上有三种自助工具，分别自用于描述性分析、预测性分析和规定性分析。图 17-1 给出这三种分析的概述，由提高数据成熟度来实现。懂得技术的业务使用者能够使用它们，但是需要接受培训才能真正地使它

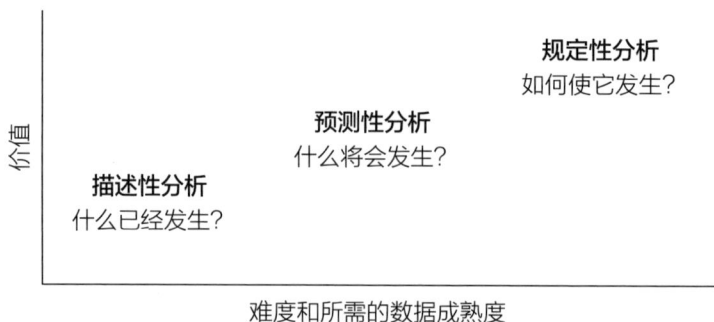

图 17-1　三种分析——描述性、预测性和规定性——由提高数据成熟度实现

们用于探索或创造确实的价值。

描述性分析工具

描述性分析是回顾性的。逆时光查看已经发生什么有助于了解业务（或一定的活动）是如何随着时间而发展的。例子包括上个月表现最佳的销售地点、过去 12 个月各地区的收益、前 7 天网络访问次数和所在的地理地区等。描述性分析是组织需要迈出的第一步。这种基本分析活动从许多不同的角度提供了关于业务如何正在发展的有关见识。通常，描述性分析会以仪表板的形式给出数据的直观表示。

今天，经由简单的拖放用户界面，市场上有很多直观工具可供非工程师进行数据容许的任何可视化。常见的例子包括 Tableau、Qlik、Spotfire、Power BI、MicroStrategy 和 Data Studio。这些工具允许使用者和数据库或电子表格中的数据相连（在本地、互联网或者云中），并提供易用的图形界面来制作透视表。虽然这些工具之间有许多微细的差异，但它们的工作原理相同。也有更为高级的工具，比如 ThoughtSpot，它自己能够在数据中爬行，为探索、分析和可视化建议提供可能的路径。特殊的 ThoughtSpot 甚至设有语音界面。此外，这些工具另外的不同之处在于它需要使用者掌握不同程度的编程技能，尤其针对一些高等的特征。但是一般来说，这只是习惯使用工具和基于个人偏好的选择。在大型组织里，经常是信息技术机构来选择企业的工具，供给职员在他们的工作环境中使用。

使用这些工具，仪表板——过去一般由高级工程师和程序员开发——现在可由非工程师，甚至懂技术的商务人员来制作。它们代表了在数据机构之外的一条切实可行和有效的数据民主化的途径。此些工具允许业务人员自行探索数据，无须请求数据或信息技术专家做一份报告或更新仪表板。

预测性分析工具

当自助的描述性分析工具日益成为商品，自助的预测性分析工具开始出现并被早期采用者使用。这些工具把质量数据作为输入，通过图形用户界面允许业务使用者运行不同类型的机器学习算法。它们包括监督式和非监督式的机器学习，使用结构化数据（Excel 电子表格、数据库）和非结构化数据（文本、图像）。此外，按照要求，大多数工具都可以在云中和在内部的场所运行。例子有 BigML 和 DataRobot。基本的动态流程是：业务用户上传数据，检查一些基本的质量方面，选择机器学习算法，算法使用该数据集执行它的任务。例如，过程可能是在监督学习环境里执行预测或者分类任务，也可能是在非监督学习环境里执行评审的题目模型。

培训讲习班

当然，业务人员必须经过培训来掌握如何使用自助工具。几乎所有工具供应商都提供学习和培训，有面对面和在线方式，加上大量的视频辅导和网络讲习。同时，除了学习特定工具的使用，组织举办面向职员的讲习班也是明智之举，如此职员能更好地了解数据对业务的作用。工具固然重要，不过最终数据驱动升级的成败在很大程度上取决于一个组织的企业文化和数据成熟度。关于这方面的一本好书，是我们在前面已引用过的《精益分析》。

数据管理工具

可得的描述性和预测性分析工具越来越多，不过它们均假设数据是现成待用，并且质量还可以的。无论如何，如果数据质量没有得到核实，就无法澄清某些数据驱动的现象是应归于业务事件还是数据差错。可惜，目前还没有多少工具便于业务人员获得访问、检查和生产优质数据。尽管一些工具标志着民主化数据访问和质量的过程已迈出了一步，但它们还是主要由数据工程师使用。这样的例子包括 Trifacta、DataIQ 和 Talend。

这样看来，虽然达到一定的数据成熟度有助于在组织范围内使用我们讨论过的工具来民主化描述性和预测性分析，但在组织范围内民主化数据作为"真实单一的来源"也许是不英明的举动，尤其是当每个机构或每个业务人员还在访问、管理和维护自己的数据时。

结论

自助的结果之一是减轻数据和分析机构重复性任务的一些负担，这是各得其所的。数据专业人员应（工程师、科学家）把解决挑战性、费劲的问题作为动力，而不是只处理简单的任务。业务人员应珍视得到的能力，自主地进行数据探索和获取基本见识，无须在一个需求管理系统里登录正式的请求。组织也赢得了决策的速度和敏捷。与此同时，分析和人工智能机构里的一些人员会向业务方面移动，成为业务单位的成员。在这里，他们能传授自己的分析和人工智能方面的知识，加快整个组织的数据民主化。

随着时间的推移，这样的变化能够使分析和人工智能机构重新聚焦于进行更加创新的活动。它们成为通向有前途的新技术的门路，测试技术对业务的作用，在雏形和试验项目的基础上废弃或推广技术。

这是我们获得的两个经验教训：

● 在开始数据行程的时候，调集分散的、从事数据活动的人员来组成一个中央数据专业人员团队，以期望在知识和经验方面产生临界质量。但是，当达到一定的数据成熟度后，应把一些拥护者调回业务单位以推动数据民主化的进程。

● 利用自助工具使懂得技术的业务人员掌握分析能力。

数据本身应当继续是集中式，并作为资产被小心地管理。所有分析和人工智能都需要在质量合格的数据之上运行。

业务引领的人工智能！离开数据科学的范式转移

2008 年，当我们在银行里开始用人工智能和机器学习来查找欺骗行为时，人工智能仅仅是信息技术领域的事物。在大本营，我们作为专业人员踏入业务领域来建造模型。在随后的岁月里，我们对这项活动采取了更为民主的看法。

几年前，我认为每一个新方案应该包含人工智能和数据，务必非编码。很多信息技术人员对这样的想法感到大为震惊：非信息技术职员可以真正地编造和运行算法软件，比如人工智能和机器学习。

现在，那些在 2010 年还只是愿望的事情已经变成现实。我们能够用这些能力来协助业务任务，并用自助式人工智能、机器学习来支持业务。要达到这一目标，业务需要先发展深度的人工智能、机器学习知识。这比我过去观察到的要好得多：人工智能、机器学习没有任何领域知识（一般数据科学实践）。

在我们的银行，我们正处在提升数据驱动业务的路途中。类似于 BigML 的新环境对支持业务的数据驱动任务而言是必不可少的。信息技术机构的全体人员负责为业务执行其人工智能任务建立数据和平台。

例如，我们已经推出了数据驱动型的审计。在此期间，我们培训审计员依据他们收到的数据来进行机器学习。在此之前，他们把数据输入电子表格，然后试图找到令人关注的问题以便在审查中提问。这个工序要花两个多星期的时间才能完成。设想一下30列含有5 000多条记录，如果人们运气好的话，也许能手工查出异常现象。可是如果把相同的数据集放到（大的）机器学习平台，然后执行一项反常现象检查任务，那么平台半小时之内就可以交付需要提问的关键问题，而且结果更加耐人寻味。

人工智能、机器学习即提出恰当的问题，由此我们能够用这样的技术来解决我们的难题。而且，恰当问题的唯一来源是业务，它对优化有强烈的欲望，它的决策需要得到支持。信息技术部门无法发掘适宜的问题（除非改善自己的业务）、处理合适的数据或重视人工智能项目的产出。

概述一下，我们学到的教训是：

- 在开始时，就带着问题。

- 人工智能、机器学习是一项业务任务。

- 整理自己领域里的人工智能、机器学习的专业技能和知识。

- 分开信息技术责任和业务责任。

- 懂得数据和业务是关键。

- 为人工智能、机器学习准备相关的使用平台，类似 BigML。

- 在开始时，心中有应用。

- 跳过数据科学而选择"决策工程"，即用理论来扩充数据科学的技巧。理论来自社会科学、决策理论和管理科学。

在我的银行合规经验中，应用的范围包括欺骗、反洗钱、"了解您的客户"、数据质量、分类账路由、诱骗电邮分类、信用违约预测、自动化风险侦查，等等。

第十八章
怎样用数据造声势

让我们看一下一个新的机构通常面临的挑战，尤其是当它着重利用分析和人工智能从数据中创造价值时。起始的步骤很可能致力于数据访问、准备和理解。如果是小型的实验，这些工序会花几个星期的时间；如果是大型的应用实例，会涉及可观数量、定期更新的数据，所花的时间会是几个月甚至更长。本书中的其他章节已描述了这一方面的事情（例如，第十四章中的数据采集）。

当第一批结果出来，比如一个性能良好的分析或机器学习模型，数据团队会很兴奋。在向管理层报告结果之前，他们会想一步一步地、一点一点地完善该模型。

这样一来，数据团队和直接经理清楚地知道所做的事情和现状，也许对到手的结果很满意，但是组织的其他部门却对此几乎一无所知。数据科学家和工程师一般更注重把工作做好，很少着眼于传播他们的结果。此外，结果总是可以改进的，团队经常喜欢改进多于传播，仅仅是为了确保它们将交流的事情是正确的，这一点不容置疑。这是好事，数据团队应该继续力求优质。然而，这样的处事方式也有它的不利一面：如果不努力地进行有效的交流，那么对组织的其他部门来说，该数据团队几乎不存在。

问题

高级主管人员往往会给重要的策略安排时间来出示结果。这段时间一般是18—24个月（参见第八章）。数据团队和笼统的技术团队在这段时间里着手解决问题，而让直管经理和等级制度中的其他级别人员来向组织汇报。这可以起到一定效果，但风险是直管经理可能不善于交流。这种情况不具有规律性，但却经常出现。它的后果也许是全体高级主管和整个组织都只是略微地意识到数据团队所取得的进展。大体上，这不会造成问题，因为预付的"耐性"仍尚有余地。

当18个月的时间即将结束，直管经理一般会收到高管的要求来给他们出示结果。于是数据团队和直管经理加紧制作文件和示范文本，展示时间通常压缩到20分钟（也许1小时，如果幸运的话）。这是决定他们成名或落名的时刻。在不合格的情况下，一般会再给予另外6个月的时间来改进。

与此同时，如果在开始的时候公布新成立的数据团队得到了很多投资，而其他机构也许会开支缩减，组织里会出现不满的情绪，因为这些机构会责怪数据团队"拿走了它们的很多预算"，尤其是当没有交流明显的结果时。所有这些事情对公司里的气氛会产生不良的影响。此外，这种动态比人们想象的要普遍得多，很可能在许多不同的新区域里重演。

编造建设性的陈述——声势

另一条途径不依赖董事会上的20分钟演说来决定命运。其基本的原理是人们要使高级主管和组织里的其他人员很难不知道自己的活动，从而无须举办任何特定会议向上级汇报。这路径由积极主动地传播有用的、影响大的活动和结果筑成。让我们来看一下它是如何实现的。

为内部和外部交流的目的，和宣传部门建立良好的关系。数据与人工智能是当今的热门话题，组织内外都兴致勃勃地关注它们，比如新闻界。记住，如果人们不交流自己做什么事，那么他们所做的事在自己的地盘之外实际上并不被外人可知。

选择适当的系列活动和应用实例来作为宣传材料。在第六章，我们讨论了怎样利用业务作用和可行性的机会矩阵来选择应用实例。我们也看到，在数据行程的初期，把可行性排在业务作用之前有时很重要。这是与组织的大约 18 个月的最初"耐性期"相连的。当我们想激发人们对数据与人工智能的热情时，另一额外的尺度是考虑选定的应用实例能有多高的"传染性"。在这里，我们应当考虑它的势力，不只是为了内部的宣传，而且也是为了外部的报道（一般商业新闻、特定行业的交易会、网络日志、行业讨论小组、演讲等）。

道理既简单又非常充满人性。当评估某事的重要性时，我们有更多的出处正面地提到或讨论此事，我们趋于更加看重它。如果组织的四面八方甚至外部世界，都认识到数据活动的作用，这会提高高级经理和整个组织赏识它的可能性。比较以下两个场面：

（1）只有数据团队知道结果。他们的经理只有 20 分钟左右的时间来说服董事会关于项目的相关性、作用和长期的可行性。

（2）组织中的大多数人已经从报刊、网络日志上知道了结果。现在，经理有 20 分钟的时间向事先获悉的董事会汇报。

看到差别了吗？这是我亲自学到的教训。场面一显示了惯例的做法，但是场面二做起来更加容易，而且更有乐趣，尽管它会带来更多的工作。人们可能想象不到采用场面二给团队带来的动力。

怎样选择"可传染"的应用实例

当宣传应用实例的时候，注意的要点是不能泄露任何机密信息或使隐私受到损害，因为这与目的冲突。为扩大影响力，选择好的且适用的应用实例，如借助数据推动联合国可持续发展目标的实现。表明组织承诺促进这些值得赞赏的目标本身就确立了一个目标，对动机和声誉都有好的影响。另一好的选择也许是与慈善机构建立伙伴关系，比如联合国儿童基金会或联合国"全球脉动"，它们有专门的数据团队为可持续发展服务。尽管这类项目不含有直接推进短期业务目标的风险，但它们有助于数据团队变成一种有特色的、非常专业化的资源（解决这些问题非常困难），而且它们还提供了学习机会，这有利于更多的商业性数据应用实例。

所有一切均是建设性的，协助人们在数据的行程中达到下一阶段，但是注意别过分承诺。实事求是地估计什么能够实现，否则会失去信誉，给将来带来不良的后果。

例子

我们用来宣传数据实力的一个例子是和联合国儿童基金会合作的项目，主要内容是如何使用匿名和聚合的电信大数据来帮助了解自然灾害的后果。我们分析了地震、水灾和地震的冲击力，使用有吸引力的可视化特效来展示分析结果。这个项目曾经在主要的年度交易会世界移动通信大会（Mobile World Congress）上展出，引起了新闻界和许多公司的极大兴趣。

这对确立数据团队的信用可靠地位肯定有帮助。此外，和联合国儿童基金会的合作仍在继续进行。

另一个例子是关于大城市空气质量的监测，比如圣保罗和马德里。从移动大数据中得到的经验可以帮助人们进行监视、扩大由有限污染传感器测量的监视范围。移动网络行业协会和报刊突出地报道了这个项目，给数据团队带来了可信性。

结论

这章给出的主要教训是，为了提高数据分析和人工智能各团队的成功机会，花时间和精力进行交流是值得的。人们能做大事业，但是如果他人一无所知，按理说这样的事业就不算太成功。当然，人们也不该过分承诺。实事求是，同时务必保持交流。因此，为了向内部和外部宣传，从早期起就和公司的宣传部门建立良好的关系是很重要的。如果数据团队在这方面做得很好，那么带来的好处很多。第一，为内部的数据团队带来拥护者，这些职员有兴趣跟随数据团队的活动，能充当推广使者。第二，在其他区域工作的数据专业人员也许希望与数据团队相连，给团队增添了"扩大"或"指数"机构的特色。这种联结非常有用，若团队没有许可按常规的方式增长，但是它仍得到增强，那么肯定取决于与团队以外的人员携手共同努力，而后者不属于团队的编制或不消耗预算。第三，在组织范围内激发出对更多数据项目（应用实例）的需求，有助于促进从"数据推动"向"数据拉动"的过渡。

就影响而言，我看到这些一个月落实的项目——采用本章中描述的途径——产生的富有意义的影响和兴趣比其他运转了几年的项目还要多。本章的要点不是论证交流比实实在在做事更重要，而是论证不应该忽略宣传的作用，或将宣传工作只留给直管经理去办理。

第五部分

责任

在本书的最后一部分，我们将讨论数据与人工智能在经营负责任企业中的作用。时下的趋势是给公司指定更多的用途，除了股东受益之外，还有符合其他利益相关者——比如客户、职员和整个社会——的利益。这被称为"利益相关者资本主义"。顺应潮流，公司开始考虑以负责任的形式来使用数据与人工智能。

虽然我在大数据方面有超过15年的经验，在人工智能方面也有几年的经验，对可信赖的技术使用还是最近时期的发展。如此一来，不像在本书的其他章节中给出的具体的经验教训，我将把重点放在实际准则上，它来自刚开始的、但十分必然的运动。鉴于这些题目的新意，我将简要地解释它们背后的主要动机。

第 ⑲⑨ 章
人工智能和大数据对社会和伦理的挑战

自动驾驶汽车依靠人工智能来学习如何驾驶。当这种汽车成为实在的驾驶物并投放市场，它们会从许多良好的方面改变移动生态系统。其特点包括交通事故和伤亡的减少、城市街道的空静和污染的降低。同时，实现自动驾驶汽车的技术也可以用来发展致命的自主武器系统，它被称为"杀手机器人"。借助透镜，人们应该探问人工智能是幸事还是祸害。深度学习的特一应用，称为生成对抗网络，能使已过世的电影演员"起死回生"，或创作由虚构模型构成的作品。然而，同样的技术还能实现"深度伪造"，用捏造的视频来展示人们说的事情，而事实上他们从来没有说过这些，从而造成假新闻的泛滥。这究竟是幸事还是祸害？

深度学习还彻底地改进了感知任务，尤其是在语音和图像识别两方面。Google Duplex 能够为预约美发师进行拟人的对话。但是，用于视频的深度学习技术还能用来在城市中进行大规模监视，公开羞辱行为不符合惯例的人，比如违反交通规则闯红灯过马路的人。这是幸事还是祸害？

除了人工智能提供的技术能力以外，它的流行主要归因于它的许多正面应用可以改善我们的生活。比如，疾病诊断、自动翻译、内容推荐、业务优化、聊天机器人、药物发现、预示维护，不一而足。但是，同样的技术落到不怀好意人的手中也能够带来明显的害处，尤其是在数字、身体和政治安全方面。

到这点为止，在本书中，我们共享了大型组织是怎样得益于人工智能和大数据，从而对企业产生了巨大的积极作用，比如改进流程、减少费用和增加收入。然而，这些技术的大范围使用也有负面影响。我们听到过黑盒算法、不公平歧视和隐私泄露。哈佛大学数据科学家凯西·奥尼尔（Cathy O'Neil）的书，《数学毁灭武器》（*Weapons of Math Destruction*），给出了很多例子，描述对人们生活有相当影响的、隐晦的人工智能决策系统。亚马逊不得不停止使用一个与人事相关的人工智能系统，因为它在公司的招工过程中，与男性候选人相比，女性得不到平等的对待。当推行苹果卡（Apple Card）时，在与男士相类似的情况下，它因给女性较为不利的贷款条件而受到指责。还有的是剑桥分析公司的崩溃，数百万脸书用户的个人信息被用于政治广告。大部分"丑事"并不是恶意的后果，而是在大型业务应用中使用新技术时，没有对所有潜在的风险给予足够的关注。

从这些和其他例子中，我们能够提取出一些与使用人工智能和大数据相关的挑战。

使用人工智能和大数据对伦理和社会的挑战

关于与使用人工智能和大数据可能会产生的道德和社会影响已有很多书面的陈述。《算法的神话：人工的故事和真相情报》（*The Myth of the Algorithm: Tales and Truths of Artificial Intelligence*）对其中的一些影响进行了描述和分析。

偏见和不公平的歧视（敏感属性）

虽然机器学习能够高性能地执行复杂的任务，但它也许会使用从社会或人权的角度看来属于不良的信息。例如，禁止依据种族或宗教来决定是否提供贷款。尽管可以把不必要的属性从数据集中删除，但还有与它们相互关联的不太明显的属性——代理变量。一个熟知的例子是"邮政编码"属性，它可能与种族有关，嵌在一个人工智能模型里，可能会导致歧视。机器学习寻找在数据中的一切模式，不理会特定的规范和信条。

避免歧视的另一个重要方面是，就与受保护群体相关的变量而言，数据集是否代表了目标群体。例如，如果一个负责招聘的人工智能系统在训练时使用了信息技术行业的履历，那么它不应当用于选择其他工种的候选人，因为在信息技术行业里，男性比女性要多得多。所以可能出现的一个运用结果是，该聘用系统可能在它的推荐中歧视女性。

除了训练数据中含有的偏见会导致可能的歧视外，偏见也能出自算法。当基于训练数据来拟订模型时，一个机器学习计算程序的设计应尽可能准确。同时，所有机器在学习计算程序时都会犯错误，给出假阳性或假阴性。如果这些错误的比例和应用中被视为敏感的变量（种族、性别等）不均衡，那么算法可能会导致歧视，由此对涉及的个人产生负面的影响。准确性经常根据假阳性和假阴性来定义，通常借助于混淆矩阵。但是，这个"准确性"措施的定义——无论它试图只是优化假阳性或只是优化假阴性，或两者同时优化——能左右算法的结果，从而会影响作为人工智能程序对象的群体。在安全至关重要的行业里，比如医疗卫生、司法和运输等行业，关于"准确性"的定义不是由技术决定，而是由行业相关者甚至是由政治来决定的。

黑盒算法或"可解释性"

深度学习算法会非常有成效，但人们很难明白为什么它们会得出一些特定的结论。如前所述，它们是众所周知的"黑匣子"。对一些应用来说，可解释性是一个决定本身必不可少的成分，它的缺乏会使该决定难以被接受。例如，若没有关于决定的解释，那么一个"机器人法官"对一个顾客和一家医疗保险公司之间的争端做出的裁决是不能接受的。有时，这也称为"可理解性"问题。前面提到的《数学毁灭武器》（*Weapons of Math Destruction*）一书对这个内容给出了许多有趣的例子。

数据隐私和安全

大数据和机器学习系统利用数据在很多时候会涉及个人数据。使用个人数据连带的副作用是违背隐私规则，纵然它是无意的。剑桥分析公司的丑事表明这样的问题也许比我们所想到的要大得多。

自主决定和责任

当系统变成自主和自学，对它们的行为和动作的所负之责就变得很不清楚。在先于人工智能的生活中，使用者自己对不正确的设备使用负责，而设备失效则需要由制造者负责。当系统变为自主，继续学习不受人的干预，它们的一些行为就不会被制造者预料到。因此，当出了差错，我们不太清楚的是该由谁负偿付责任。一个明显的例子是无人驾驶汽车。如果出了问题，谁负责任？是制造者、汽车本身、汽车经销者，还是车主？关于制造者还是操作者承担责任的讨论还在继续进行。

就业前景

人工智能能接管许多无趣、重复或危险的任务。但是，如果这样的取代大规模地出现，很多工作也许会消失，失业人数将随之飞涨。这一点大多数专家和政策制定者都同意，如同任何技术革命一样，工作会消失，新工作会出现，很多工作的性质会改变。无人知道将发生的变化会达到什么程度，不可缺少的数字技能工人将会占多大的百分比。如果需要很少的人员来维持生产率，那么工作的人会越来越少。随之而来的是政府征收的所得税将会减少。同时，由于失业人数增加，社会保障金的支付将会增加。这种状况是否能支撑住？是否应该征收"机器人税"？当很少人在工作时，政府是否有能力支付养老金？是否有必要给每个人发放全民基本收入？如果人工智能接管目前的很多工作，那么失业者将会如何生存？他们生活的目的将是什么？

数据和财富聚集

目前，人工智能和大数据由几家大的数字公司支配，包括前面提到的"GAFA"巨型公司和一些中国的大公司（如百度、阿里巴巴、腾讯）。如此现状也许会致使权力和财富大量地集中在几家非常庞大的公司里。这主要归因于它们能够访问海量的专利数据，由此少数商家可以控制市场。除了缺乏竞争以外，还存在的一个风险是这些公司把人工智能当作专利知识，它们不在大的社会范围内分享任何事物，只是聚焦于可能的最高价格。另一担忧是，这些公司会提供优质的人工智能服务，但是依据它们自己的数据和专利算法（参见黑匣子难题）。当这些人工智能服务用于公共服务行业后，会引起严重的不透明性问题，比如存在偏见、不良属性、性能等的信息。我们看到洛杉矶警察部门宣布正在使用亚马逊公司的智识别（Rekognition）人脸识别技术手段来进行巡查。

人机关系

人们应该怎样与机器人和机器相处？如果机器人变得越加独立，在它们的"寿命"期间不断学习，那么机器人和自然人之间应当允许什么样的关系？职员的老板可以是机器人或人工智能系统吗？在亚洲，机器人已经在照料年纪大的人，比如伴侣陪伴和身心刺激。人可以和机器人结婚吗？总的来说，安全和保护是这些系统的关键方面之一。

恶意运用

以上提到的都是值得关注的事，因为我们的意图是使用人工智能和数据来改善或优化我们的生活。然而，类似于任何技术，人工智能和数据的运用能包含邪意的目的。想想以人工智能为基础的网络攻击、恐怖主义、利用虚假新闻影响重要事件等。

处理人工智能和大数据对社会和伦理的影响

正是出于这个理由，在过去的两年中，很多大型组织已经公开地表明它们将遵循人工智能的规范或道德准则。哈佛大学对世界 36 个组织首先公布的人工智能规范进行了分析。哈佛大学找到已考虑的事项可分为 9 类，包括人的价值观、职业责任、人的控制、公平和无歧视、透明性和可解释性、安全和保护、问责制、隐私和人权。非营利组织阿格瑞斯姆观察（Algorithm Watch）维持人工智能指导方针（AI Guidelines）的公开清单中，目前卷入 160 多个组织。欧盟委员会在 2019 年 4 月公布了《可信赖的人工智能道德准则》。我的公司西班牙电话公司在 2018 年发表了它的人工智能规范，承诺人工智能系统的使用达到公平、透明和可解释、以人为中心，符合隐私和安全的要求。

这些规范是有责任地使用人工智能的重要第一步，但是仅仅只有规范是不够的，它们必须被纳入组织的运营流程中，成为常规事务。尽管最初的经验已经在交流和发表，但经验还在增加，学习还在继续，还有很长的路要走。

虽然政府应当对这些强大技术的恶意使用保持警惕，但人工智能和大数据的正面机会仍然非常多，而且将会继续增加。我们相信，从技术的角度看，将来人们在很大程度上能够管理和防止人工智能无意的、反面的后果，比如偏见、歧视和不透明的计算程序。

结论

本书是关于组织怎样取得数据驱动和人工智能驱动的升级，用来帮助它们抓住所有的机会。但是在这一章中，我们看到了潜在的有害后果，即使其中的大部分是无意的。总而言之，对伦理的影响保持警惕是很重要的，但是，在决定是否应用人工智能和大数据之前，人们也应该认识到不利用这些技术在很多层面上也许会更不利。因此，不用这些技术也许有它伦理方面的影响。

在下一章，我们将看到公司和公共实体在实践中是怎样处理这些问题的，并使其尽可能地防止和减轻消极作用。人工智能和大数据本身不好也不坏，是它们的使用决定了它们的作用。使用是依据每个组织的规范和价值观做出的一个抉择。一般来说，我们可以设想一个道德连续体，从好到坏（图19-1）；每个组织都可以自己决定它在该幅度中向往的位置。

道德连续体		
好意的人工智能使用	尽力避免人工智能的不良影响	恶意的人工智能使用
如果不能减轻不良的影响，那么就不使用人工智能	人工智能的不良影响被视为附带性的破坏	

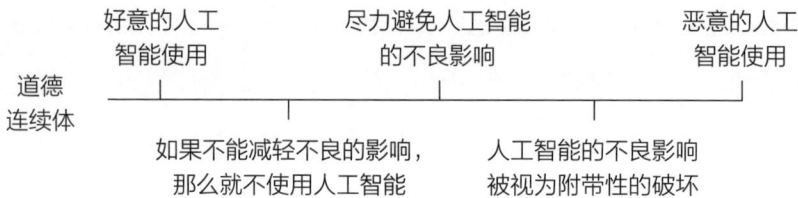

图 19-1　人工智能怎样能影响社会的道德连续体

人工智能对伦理和社会的挑战

一场真正的革命源于人工智能。它正在改变我们的工业和行业，由此间接地改变了我们的社会。人工智能通过它的应用正在兑现建造更美好世界的承诺，它应用在方方面面，比如癌症诊断、个性化和周到的客户服务、机智的能源管理等，不一而足。在各行各业经历它们的数据与人工智能行程的同时，技术的部署越来越多，以多少有些控制或自主的方式影响到越来越多的人。

尽管达到规模的人工智能有潜力建造更好的世界，同时在这个过渡中会遇到一些挑战。例如，在法律系统中，我们可以设想一位客观、公正的人工智能法官在不同地理区域迅速、有效地执法判罚。

但是，往往如同任何新的技术一样，人工智能易于被滥用，比如进行网络攻击、操纵选举、制造自主武器等。和种种新的技术类似，它也能带来令人烦恼的副作用，比如财富集中在掌握该技术的人的手中、无意地排斥其他——或许是因为缺乏历史数据或许是因为缺乏基础设施。

另外，我们应当格外小心，因为人工智能的性质不同。实际上，我们可以说，给予它"智能"的是非显式编程。最常见的是，计算程序是从数据中学习的。这会带来使人难以理解的复杂构造。再者，如果数据内含某一非偶然的偏见，那么计算程序会重复进行规模生产。一个通过历史的法庭判决训练出的人工智能法官会错误地"学到"这一点：一定种族或宗教相关的人们是预知的惯犯。

此外，人工智能模仿人的认知功能给予了它特别的性质。这样一来就模糊了机器和人之间的边界，可能会招致欺骗或操纵行为。

鉴于这些人工智能的特性，那些需要针对相关的伦理和社会问题的解决方法并不是琐事。人们会想到的问题的答案是技术性的，聪明的编程校正会带来"好"的人工智能。在世界各地，研究人员正在设法解决这样的问题，建造能够解释自己决定的或能够与数据中的偏见对抗的人工智能。然而，这只是综合体的一小部分。更广义地，它是一条正确的数据与人工智能道路，意指对技术、业务、组织和职员做出正确的决定。它是需要我们记在心中的使命：在塑造一个新的世界的时候，我们负有力争建造一个整体上更好世界的责任。

第二十章
从人工智能的规范到人工智能的可靠使用

在前一章我们看到，在过去两年中有许多大型组织公布了它们伦理方面的人工智能规范，包括谷歌、国际商业机器公司（IBM）、微软、德国电信（Deutsche Telekom）和西班牙电话公司。

以前也有为技术发展而采纳伦理规范的案例，突出的例子是 IEEE 的自主和智能系统的道德认证计划（*Ethics Certification Program for Autonomous and Intelligent Systems*）。此外，在前一章，我们看到哈佛大学对 36 个组织的人工智能伦理规范所做的调研。

让我们具体考虑一下西班牙电话公司的人工智能规范，它发表于 2018 年 10 月（见图 20-1）：

公平的人工智能指技术的使用不应该导致如下方面相关的歧视：种族、民族、宗教、性别、性取向、缺陷，或者任何其他的个人状况或信仰。为准确性而优化机器学习算法时，就假阳性和假阴性方面来说，应当考虑该算法在特定区域里的影响。

透明和可解释的人工智能指明确人工智能系统使用的是个人数据或是非个人数据，以及数据的用途是什么。当使用者与人工智能系统直接交互时，其应该明白对方的身份。当人工智能系统做出或支持决定时，依据特定的应用区域，应在一定程度上提供理解其推理过程的能力。（电影推荐与医疗诊断的解释有所差异。）

人为中心的人工智能指人工智能应该为社会提供服务，为人民带来有

西班牙电话公司

我们的人工智能原理

大数据和人工智能让我们能够改变商业、生活和社会。

在取得这些进步的同时，作为一家公司，我们希望让世界变得更加美好。为此，我们致力于设计、开发和应用人工智能：

公平

我们确保人工智能的应用不会带来偏见性结果和不公平的影响。

我们保证在人工智能学习和算法决策时不存在歧视性因素。

透明、可解释

我们会告知用户使用的数据及目的。

我们会采取充分措施，确保人工智能决策被理解。

当用户与人工智能系统互动时，我们会提醒用户。

以人为本

我们确保人工智能始终尊重人权。

我们致力于实现联合国可持续发展目标。

我们致力于阻止技术的不当使用。

续图

图 20-1　西班牙电话公司的人工智能原理

实质的益处。人工智能系统应该继续处于人的控制之下，由基于价值观的考虑所引领。用于产品和服务中的人工智能绝不可能对人权带来消极的影响，或与联合国可持续发展目标不相符。

设计的隐私和安全指当建造以数据为基础的人工智能系统时，隐私和安全方面是系统使用期限的固有部分。

再则，这些规范也适用于与合伙人和第三方的合作。

在实践中，希望组织能保证负责任地使用人工智能和大数据，由此可能会面临各种挑战，包括做出采纳什么规范的决定和它们如何在自己组织的工作流程中得到实施。

为自己的组织选择适当的规范

在过去的几年中，组织已采纳的人工智能规范激增。在这种情况下，不太明显的是选择哪些规范才算是有意义的，和抉择的条款应当是多少。图 20-2 中的示图包含很多组织可以选择的人工智能规范，它们和第十九章给出的挑战有关。如下简单的步骤会协助你从一张长的规范列表中进行选择：

● 区别和实体有关的规范。与政府相关的规范会涉及就业前景、致命的自主武器系统军备、责任、权力和财富的集中（图 20-2 右侧）。与各个组织——包括私企和国企、公共机构、民间社团——相关的规范会影响组织的行动，比如隐私、安全、公平和透明（图 20-2 左侧）。

● 区别有意和无意的后果。许多与使用人工智能相关的挑战都源于技术的偶然副作用，比如偏见、缺乏可解释性、就业前景等（图 20-2 上部）。蓄意的后果来自明确的决定，如此便可以控制。比如，为好事或坏事使用人工智能（图20-2下部）。很可能随着时间的推移，组织越发认识到无意的后果并能够设法减弱它们的影响。但是，如果这些后果继续出现，它们也许被认为是"有意的"。组织最好制定出关于无意后果的规则，由此能根据规则来行事（图20-2左上方）。

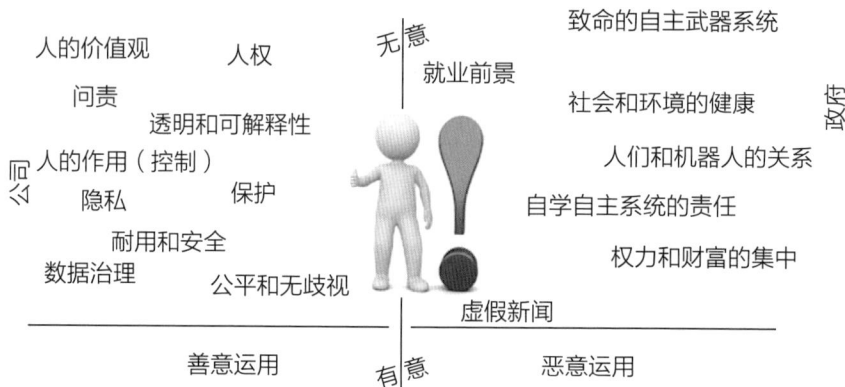

图20-2　沿两个连续维度分类的人工智能规范：公司－政府，无意－有意

● 区别通则和特则。一些人工智能规范以首尾相接方式覆盖了与人工智能系统相关的所有方面（比如，安全、隐私、保护、公平等）。与此相对，一些规范针对人工智能特有的挑战（比如，公平、可解释性、人的作用）。但是，两者之间不存在硬实的界线，它们形成了连续体，如图20-3所示。

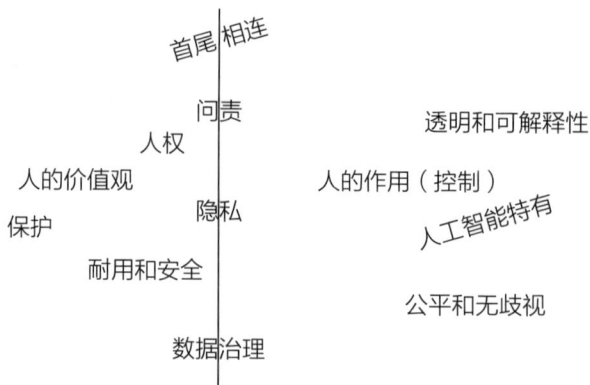

图20-3　首尾相连规范与人工智能特有规范

组织所做的决定在一定程度上与它们所在的行业相关。例如，航空业在人工智能的使用中特别注重安全性。保险业则高度重视公平，而医疗卫生行业更强调可解释性。

在自己的组织里实施规范

一旦制定了规范，下一步就是实施。目前，关于这方面经验的报道很少，不过我想借此机会和读者一起共享西班牙电话公司的做法。我们拟订了一套方法，用于建造设计负责任的人工智能，使其具有设计式的隐私和安全的风格。这套方法由以下要素组成：

● 人工智能规范。规定价值观和界线。

● 自行评估调查表。包含一组问题和建议，用于保证在建造系统的过程中遵从所有人工智能规范。

● 工具。帮助回答一些问题和帮助减轻已辨别的难题。

● 培训。包括技术和非技术两部分。

● 管控模式。指定责任和问责。

我们专门为方法的拟定开展了一个公司范围内的项目，涉及不同的环节，比如企业道德和可持续发展、工程、安全、法律、业务、信息技术、人事资源和采购，还有得到顶级管理层的支持。

人工智能道德调查表

我们对每一规范都给出了几个问题，必须由负责人员来回答，作为标准的产品和服务设计方法的成分。这样，我们需要培训职员，以便他们能够有效地回答给出的问题。其中一些问题需要在一定程度上懂得人工智能和机器学习，对此我们提供了特别的工具和训练，如表 20-1 所示。取决于对特定问题的回答，在必要时我们会给出建议为职员指引进一步的行动。例如，如果数据集包含敏感的变量，则我们会给出关于应该做什么事的指导。

表 20-1　通过一组问题使每一规范产生作用

规范	问题	贯彻方式
公平的人工智能	你的数据集中是否含有敏感变量？	培训
	任意变量是否与敏感变量密切相关？	技术工具
	就目标团体而言，假设它们含有"被保护的团体"，那么你用于训练的数据集是否具有倾向性？	技术工具
	假阳性和 / 或假阴性在特定的区域里是否有重要影响？	培训
	假阳性和假阴性是否在不同的（保护）团体中分布不均匀？	技术工具
透明和可解释的人工智能	使用者是否能够猜想出互动的对方是人还是系统？	培训
	人工智能系统的结果是否对人们的生活影响很大？	培训
	在你管理的区域，你是否对人工智能产出的决定是如何做出的缺乏足够的理解？	培训
	用户是否可以索取关于人工智能交付的决定的解释？	培训
	是否很难直言所使用的数据是个人数据还是非个人数据？人工智能使用数据的目的是什么？	培训

续表

规范	问题	贯彻方式
以人为中心的人工智能	你的产品和服务是否可能对人权产生不利的影响？	培训
	你的产品和服务是否消极地影响了联合国可持续发展目标？	培训
设计的隐私和安全	你的人工智能系统是否使用个人数据？	培训
	你的隐私影响评估是否会给出重要的关注点？	培训
	如果你的产品和服务使用匿名化数据，那么是否有重新测试过被识别超出常理的风险？	技术工具
	你的安全评估是否能给出重要的关注点？	培训
第三方	你是否需要你的供应商提供更多的信息以了解人工智能的程序块与颁发的规范相符？	培训

技术工具

就这一领域的技术状态而言，虽然技术工具不断改善，但其支持作用还是有限的。因此，对回答大部分的问题，培训都是必不可少的。一些与机器学习和人工智能有关的问题需要进行特别的培训，而其他问题——比如，预测应用对社会的影响——则需要较为一般的培训。可得到的结论是一类工具有两种用途：检查和减少数据集中会招致带有歧视的多余偏见，找出敏感变量（民族、种族、宗教等）和"普通"变量（邮政编码、教育程度）之间隐藏的相互关系。可得到的开放源程序工具包括 IBM 的公平（Fairness）360 软件包、派梅特斯（Pymetrics）的工具和芝加哥大学的阿库塔（Aequitas）。

其他工具可以用来打开深度学习的黑盒算法，这一区域称为可解释人工智能。这些工具或者用来试图找出什么变量对一定的输出起作用（比如，SHAP），或者用来试图构造"外来"的解释，通过观察所有的输出和输入，然后组装出一个可理解的"白盒"模型（比如，LIME）。微软已经发展了名为 InterpretML 的开放源程序工具。

培训和意识

重要的是为职员提供培训，解释所有重要的方面。培训的方式可以是在线课程和为关键人员专门举办的讲习班。图 20-4 所示的是西班牙电话公司发展的一门在线课程的单元。根据职员的技术水平，传授的内容也不尽相同。

单元1 **介绍** 我们利用大数据和人工智能来改善我们的公司，同时为每个人建造一个更美好的世界。	单元2 **西班牙电话公司的人工智能规范** 我们的人工智能规范是： ● 公平的人工智能 ● 透明和可解释的人工智能 ● 以人为中心的人工智能 ● 设计的隐私和安全 ● 与合伙人和第三方合作的人工智能	单元3 **人工智能规范的实施** 当我们在准备、设计、发展、部署、使用或购买任何人工智能的产品和服务时，我们应该顾及五项人工智能规范，并评估我们的操作是否合规。
单元4 **负责任的人工智能的工具和例子** 我们向你简单地讲解正在制定的新方案的背景，并详细地解释西班牙电话公司所拥有用于支持有责任地使用人工智能的工具。	单元5 **人工智能管控** 为了保证人工智能规范在西班牙电话公司里得到落实，我们已在三级层面上稳固了管控纲领。	单元6 **实际例子** 我们通过一些具体的例子来协助你把人工智能规范纳入实践之中。

图 20-4　面向职员的在线人工智能伦理培训课程单元

管控

一个管控框架明确责任和升级处理流程，以应对调查表揭示的问题。图 20-5 展示了一个三步管控形式的例子，用于指导使用者如何负责任地使用人工智能。大体上，负责产品的团队会设法解决调查表中给出的所有问题。如果团队遇到难题，可以向一个多学科特别专家小组上报。该小组至少会有人工智能、隐私和企业道德方面的专家，必要时还可以召集其他专家。如果该专家小组无法解决这一难题，则需将其上报到负责业务办公室（Responsible Business Office），该办公室（顾名思义）通过定期召开会议来解决与经营可信赖业务相关的问题。

负责任的人工智能管控

为了保证我们遵从西班牙电话公司的人工智能规范，我们设计了一个三级管控形式，目的是确保所有人员都知道他们位于哪一负责级，以及当他们自己无法解决问题时如何能够管理现状。

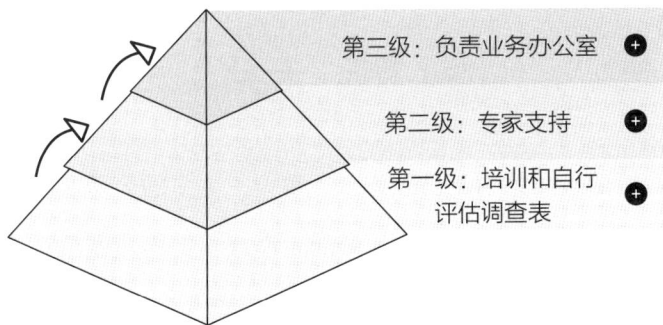

第三级：负责业务办公室 ⊕

第二级：专家支持 ⊕

第一级：培训和自行评估调查表 ⊕

图 20-5　负责任地使用人工智能的三步管控形式

当在组织里贯彻人工智能规范时，引进被称为"负责任的人工智能拥护者"的职能是明智之举（Responsible AI Champion，RAI Champion）。该人员作为每个业务单位里所有人工智能和道德有关问题的单一联络点。这样的拥护者对所在的业务很在行，可以很容易地和一个特定地理区域或业务单位的同事交往。当需要的时候，其会提供意识、建议、协助和升级处理。另外，在把新的实践转成为常规工序的过程中，拥护者是关键。由此看来，他们是变化的动因。拥护者的具体职责包括告知、教育、建议、升级处理、协调、连接和管理变化。

最后，值得注意的是两种管控。其一，委员会主导，携带认可；其二，按需，携带升级处理。根据我的经验，当组织的人工智能应用还处于早期阶段，较好的处理途径是从按需管控开始。这种途径能保证职员在做人工智能工作的同时，全力地学习和理解、掌握人工智能的潜在作用。这样可以提高人员的责任意识，而且与由控制和批准委员会强加的限制相比，更加能启发工作动力。过了一段时间，如果人工智能规则已完成，那么组织应为采用委员会的途径做好准备，因为知识和习惯都已经融入了组织日常的工作例程中。

人工智能，在纸上

人工智能的最美妙承诺已经许下。每天，更多的公司敢断定这项技术可用于管理它们的数据、自动化复杂的工序或根据模式做出可信程度不断提高的生意预测。大多数关于人工智能的预言都指向一场前所未有的革命。例如，普华永道的一份综合报告指出，到 2030 年全球的国内生产总值将提高 14%，作为人工智能投资和发展的一个结果。这相当于向该领域注入外加的 15.7 万亿美元。如果这个展望成为现实，到 21 世纪的中期，人工智能会成为经济中最大的商机。

另外，经济从严重的危机中复苏也会来自人工智能系统的广泛应用，它们能帮助开发更好的产品，由此刺激消费者的需求。例如，可以实现更好、更有效的产品和服务个性化。还可以借助人工智能算法来分析不同变量，从而为每个消费者报出可付得起的诱人的价格。

人工智能为我们带来了转换经济模式的机遇，从过往经验（含教训）驱动的经济转向预测经济，有望预见我们的前景。理论上，基于用户行为预测所节省的费用可达数百万美元。理论上，最诱人的人工智能承诺可能成为企业的"救生艇"，通过节约开支实现效率的指数级增长。理论上，该技术将引领我们进入一个更舒适、更易管理的世界。

但是，到头来，所有这些都只是纸上愿景。

道德，路上绝对的一站

就开发或运行人工智能系统而言，变得越来越清楚的是，必须考虑到一定的监管和伦理方面，以便于防止人工智能对它的应用领域产生不良的影响。最重要的是如下方面：

● 尊重用户的数据隐私。在使用用户的数据和与第三方共享该数据之前，明确征求他们的同意。

● 防止数据与人工智能算法里的偏见。这意味着要排除敏感变量，比如性别、种族、性取向、政治意识形态和其他。

● 促进人工智能算法的可解释性。即使人知晓算法做出一个决定的流程，其目的在于提高透明性。

● 控制人工智能算法的自主性，维持以人为中心的原则。不是由机器的道德，而仍然是由人的道德来左右所有涉及人工智能的流程。因此，这项技术应该被看作工具，而且是非常有用的工具。但是，归根结底，人工智能仍是为人效劳的工具。另外，我们不应该失去人文主义者的眼光，滑入不切合实际的末世幻想（起码从今天的角度来看）：机器主宰人类。

那么，为了迈向有道德、可信赖的人工智能，公司需要什么？

简言之，意识。

我们需要意识。人工智能的承诺之所以可以被人工智能系统的负面作用截断，源于没有对该系统的独特性做足够的处理。这项技术的使用或开发务必援引道德思想，如果我们想收获它提供的极多可能性，并尽量减少许多潜在的不利因素。不应当只是数据科学家在顾及道德事项，而是多学科人员的共同参与，互补地设想可信赖地、有道德地使用人工智能算法和数据。

我的组织，奥德希亚（OdiseIA）成立的目的之一是在公有和私有组织中促成以上的意识。OdiseIA 从以下各方面致力于有责任地使用人工智能：行业角度（医疗卫生、教育、法律、国防、交通、财政金融、保险等），挑战角度（偏见、可解释性、偿付责任、人脸识别、包容性人工智能等），横向角度（道德和责任、培训、人工智能工具、传播、法律、研究等）。

我们的目标是建立一个大的多学科专家社区，专家们以他们各自的实践知识和从不同的视角来支持有责任地、合乎道德地扩展人工智能领域。

第 二十一 章
数据作为公益的力量

到目前为止，我们看到了组织怎样能够成为数据驱动型组织，这些改变通常旨在改善自己业务的运营。除此之外，也能为其他组织创造价值，后者继而也能提高数据驱动的水平（第五章）。另外，相同的数据（匿名化和汇总式）也能协助解决我们的社会和地球所面临的大问题。越来越多的公司不放过这一机遇，或者作为更加负责的手段，或者作为将来新业务的手段。然而，由于缺乏怎样和从哪里开始的知识和经验，公司做出相关的决定确非易事。本章概述以下几点：私有数据对社会能带来的益处、公司参加这一活动时会面临的挑战、为社会和地球真实地扩大和创造有计划的价值时会面临的大挑战。

可持续发展目标

2015 年 9 月 25 日联合国所有会员国一致通过了改变世界的 17 项目标，旨在消除贫困、保护地球、改善所有人的生活和未来。该议程为 15 年内实现这些目标指明了方向：呼吁所有国家和所有利益攸关方共同采取行动，从政府、私营部门、民间社会到全体人民携手合作。

17 项可持续发展目标和 169 项具体目标将在 2030 年之前得到执行，通过 241 个关键绩效指标衡量（并不是所有指标一样地易于测量）。2016 年 3

月，可持续发展目标各项指标机构间专家组把指标分为三级：

● 一级包含98个指标（41%），有公认的统计方法和定期可得的全球数据。

● 二级包含50个指标（21%），有明确的统计方法，但是可得的数据很少。

● 三级包含78个指标（32%），没有公认的标准式方法，也没有数据。

● 15个指标（6%）无类别。

国家统计机构负责监测所有241个关键绩效指标，政府的开放数据也被认为起了重大的作用。然而，从以上不同的等级中，我们看到还有许多指标缺乏数据或衡量方法。来自各行各业的私有大数据能够协助测量这些进展标记，尤其是当数据出自移动电话运营公司、卫星影像、金融机构或超市时，已被证明有帮助。图21-1列出了这些行业，它们的私有数据已用于对可持续发展目标起作用的研究项目。

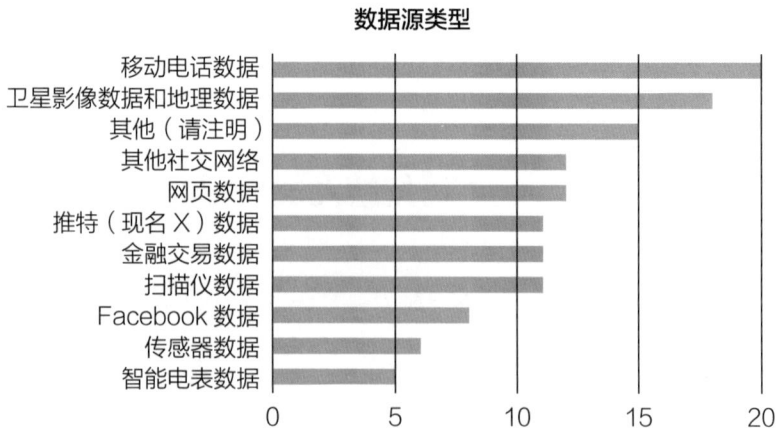

数据源类型

图 21-1　使用特定行业私有数据的研究项目数量

数据来源：世界银行（2015年）。

图21-2给出一些示例，显示私有大数据已用来估计可持续发展目标的

关键绩效指标。例如，金融机构的支付数据能够用来帮助估计消费者物价指数或贫困指数。虽然官方的指标测量过这些指数，但在发展中国家的农村地区开展测量一般很难。此外，指数的更新频率通常很低。谷歌的搜索查询被用于估计和跟踪流感的暴发以及蔓延。卫星影像借助于测量人造光的发射被用来估计国内生产总值的增长。手机数据被用来估计发展中国家的文盲率（短信和通话比率）和预示社会经济层次。

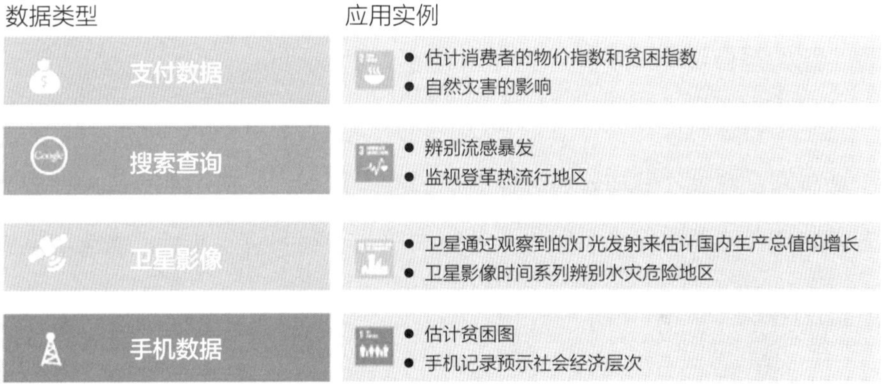

图 21-2 利用私有数据衡量可持续发展目标的关键绩效指标

私有数据和可持续发展目标的例子

下面是一些私有数据对监视或实现可持续发展目标所起到的作用的实例。

目标 1：无贫穷。塞内加尔的贫穷分析。

利用手机的使用数据和地区级移动信息，研究者在纽约州立大学水牛城分校（State University of New York at Buffalo）绘制出贫困地图，展示的种种想法为决策者就如何在塞内加尔以最可能的有效方法来根除贫穷提供了更好的见地。

目标 3：良好健康和福祉。H1N1 流感暴发期间墨西哥移动数据分析。

西班牙电话公司研发团队的科学专家依据公司数据做出的分析来了解 2009 年 H1N1 流感暴发期间政府措施的效率。感染这种疫病的人数被认为达到 375 000。人的流动直接地加速了疫情的扩大和蔓延，因此，专家们需要分析在政府告诫民众要留在家中前后的流动模式。调研结果显示，只有 30% 的人待在家里，70% 的人在他们的日常行动中几乎没有任何变化。

目标 13：气候行动。使用流动数据来测量大城市二氧化碳的排放量，比如圣保罗和马德里（西班牙电话公司）。

地方政府面临着巨大的挑战：增加的二氧化碳排放造成了城市空气的严重污染。西班牙电话公司有益于社会的大数据团队使用来自机动网络的匿名和聚合流动数据来了解汽车的行驶模式和预测空气质量，该流动模式由定点污染传感器来校准。

参加公益数据运动的公司斟酌

公司使用自己拥有的数据来创造崇高的利益有许多长处。同时，一些非常现实的挑战也会阻碍这些行动。下面我们来讨论它们的长短处。

参加公益数据运动的理由

做好事。公司应该考虑的主要参加理由是，它们能够起作用和改善世界，通过帮助解决世界的严重问题，比如饥荒、平等、气候变化等。这些在可持续发展目标里得到详细的描述。

创新和专业知识。这种项目通常需要采用新式合作和新技术，如此给公司提供试验的机会而没有直接的商业风险。许多公司的开端是使用数据和分析来改善自己内部的业务，随后，公益数据允许它们探索新的商机，通过主动地利用自己的第一方数据。而且，它有助于公司巩固自己的隐私知识和实践，因为与数据的内部使用相比，外部数据共享需具更加严格的措施。

通向政府之道。公益数据项目通常有益于政府，尽管它们也许是通过慈善机构来实现的。许多项目提供直通地方、地区、中央政府政策制定者的渠道，这样能够帮助公司到达可靠参与者的位置，同时帮助它们打开新的商务机会。

巩固品牌和名誉。在数据与人工智能项目中与知名的慈善机构密切合作可以加强公司处于可信赖企业的地位。

商务机会。虽然大部分公益数据项目的特点是慈善和博爱，但有时它们所做出的花费起码应得到报销。这主要通过慈善组织提供的资金。

职员参与。除了纯粹的商业目的外，参与合作不但对企业的外部声誉有益，对企业职员来说也变得日益重要。职员重视他们组织的社会倡议——比如与联合国可持续发展的目标相关，特别是如果他们能亲自参与，而不是他们组织的介入方式仅仅是向非政府组织提供资金。

不参加公益数据运动的理由

虽然有充分的理由为社会开放共享私有数据，但一些因素也会使公司不太愿意踏上这一路途。

隐私和安全。几乎所有的数据共享都以匿名化和汇集式数据为基础，可用的、好的匿名化技术能与外加的隐私增强技术相结合。在实践中，重新识别个人几乎是不可能的，但是在理论上，达到100%的匿名化是不可能的。另外，公益的数据共享几乎总是需要数据离开一个组织或脱离它的控制，因而必然会包含风险（起码心理上的风险）。再者，离开组织的数据也许会与其他数据源合并和交互参照，从而提高理论上存在的重新识别风险。这些问题给法律、隐私和保安部门带来了压力，尤其是对于初涉数据共享的组织而言。

法律。就许多公司而言，它们的大部分相关的匿名化和汇集式数据都出于客户数据。对是否允许外向共享数据、转移数据到其他国家或大陆没有普遍的共识。还有，在它们运营所在的不同国家里，组织还面临着遵从种种数据保护规则的挑战。

企业名誉。即使共享匿名化和汇集式数据通常会提高公司的声望，但在一些情况下，也许会带来反面的影响。如果数据共享最终偏离了它原有的目标，如果出现数据泄露，那么对名声也许会有不好的影响。另外，一个持续的误解是，和个人数据相对，什么是真正的匿名化数据。大家知道，媒体和政客常混淆两者，产生负面影响。最后，大多数以私有数据为基础的数据驱动决定旨在改善社会中脆弱群体的生活状况，但是这种意向会对更为富裕、有影响力的社会阶层有觉察到的消极影响。对这一点，公司一般会感到不舒服。

大数据是新的策略资产。业务也许还被战略商业问题困缠。许多公司刚刚认识到大数据是关键资产，因此会琢磨为什么它们应该分享数据，即使是为了崇高的利益。它们也许会发问，为什么要免费分享？

机密情报。公司也许担忧竞争对手是否能获取其数据资产——即使已匿名化和汇总，且潜在地获得战略性优势。尽管只有极小的可能性，但它们也许会偏于不招致这样的风险。

同类相食。当今，公益的数据共享主要以慈善和慈爱的形式呈现，间或政府参与。但是，政府也是很多公司服务的客户。这样，为社会利益共享数据会不会侵蚀自身公司的一些外部大数据收益，比如，限制庞大的政府营收来源？为社会利益的大数据项目是否有损于其他既有商务机会？

怎样和从哪里开始

如我们已看到，存在令人信服的理由为社会利益而进行大数据共享，同时也有拿不定的事情致使公司不太愿意参加。当有勇气的公司最终决定发起这项活动时，它们该考虑什么事情和怎样开始？

有几个需要预先做出的决定。在这里，它们将被分开介绍，但是它们也许会相互关联。

在组织体系中的何处安置执行机构

我看到的安置负责社会受益项目部门的最常用方式是：

● 作为业务单位的一单元。一些公司有一个大数据业务部门，负责企业对企业的客户交付产品和服务。该单位已经以安全、保护隐私的方式共享数据，因此许多潜在的关注事宜都已得到照管。它可以设立一个小的新单元，从事有益于社会的项目。这是西班牙电话公司在2016年做的选择。我们将看到这种选择对筹资决定有直接的影响。

● 作为研究部门的一单元。鉴于大多数社会受益的活动对许多公司来说都很新鲜，并不少见的是在研究机构里设置一个小组。研究和发展一般拥有灵活能力对付新的技术，习惯于外向地与不同类型的组织合作。再者，许多社会受益的项目都以试行项目作为开始。由此可见，研究职能之处是一个很好的安置地点。

● 作为首席数据官管辖的一单元。该管辖范围覆盖所有数据的收集、存储、管理。为组织的其余使用者安全地准备好数据，可能也面向外部使用者（参见第五章）。此外，首席数据官的许多团队还包括分析或人工智能职责以从数据中创造价值。因此，首席数据官的管辖区域是发现新的公益大数据活动的天然场所，因为它具备所有的基础资源和技术专业知识，不仅在数据层面，而且在隐私和安全方面都具有优势。

这些是最流行的选择。此外，另一选项是把公益数据队伍设在可持续发展（Sustainability）或企业社会责任（Corporate Social Responsibility，CSR）机构。许多社会受益的项目由慈善机构、非政府组织或乐善好施的人一起开展，这正是可持续发展或企业社会责任机构拥有这些外部团体的联系关系和伙伴关系。在这些机构中建立公益数据队伍增进了与主要外部参与者的早期密切交往，由此给倡议带来起始推动力。

怎样资助公益数据活动

同时，为公益数据活动筹资的方案不少，在这里我们只讨论最常见的选项。值得提示的是，这些筹资方案并不相互排斥。相反，它们可以完好地结合。许多成功的公益数据活动区域采用的正是这种方式，不受公益数据团队在组织体系中位置的影响。

● 业务单位出资。这一方案经常被采用，当公益数据团队设在业务单位里。在这种情况下，费用由业务单位承担，因而需要增加业务的运营费用和职员人数。它的可行性取决于业务单位具有一定的规模。例如，公益数据小组需要单位的职员总数超过了 100 人。在某种程度上，该业务单位能把这小组的支出看作为营销费用，因为社会项目有助于公司在政府和其他公共机构的战略布局。此外，成功的试验项目也许会变成新的合同。另一长处是，上一节中讨论的同类相食问题可以得到迅速处理，因为社会活动和商务活动均属同一业务区。这样，直管经理能立即解决任何潜在的问题，没有较长的处理过程。这一形式的主要长处是，活动和市场之间有直接的路线，如果对这类社会项目存在市场。

● 研究机构出资。许多大公司有专门的研究机构，资金来自创新专款和政府机构赞助的外部研究资金。大型研究机构可以轻松容纳一个小型新公益数据团队。主要的缺点在于这样的风险：项目侧重于研究（知识生产、专利权、学术发表），较少将成果应用于社会，落地做好事。

● 可持续发展或企业社会责任机构出资。这些机构一般有预算与非政府组织和慈善机构合作。当一家公司决定策划新的公益数据方案时，它会为企业社会责任的公益数据团队打开一条与它的利益相关者合作的全新路径。根据我的经验，企业社会责任机构很乐意踏上这条新途径。替换"只是"捐款和活动，企业社会责任的团队现在也能够亲自参与技术工作，给合作增添生气。例如，在电信行业，而不是捐款给一个非政府组织——旨在帮助被迫迁移的受苦者，项目发展者通过利用公益数据绘制了人群移动流和聚集点地图来协助该组织在它的行动中提高准确度。为了达到这一点，企业社会责任机构可以资助公益数据项目的一部分。从我的经验看，这样的方案确实是三赢的，所有参与者（非政府组织、企业社会责任机构、公益数据团队）都在建设性的螺旋式中各得其所。

● 外部资金出资。当今也有很多特别基金，或者来自地方、地区、国家或国际机构，或者来自大慈善家或非政府组织。这种类型的资助很重要，尤其是当公益数据团体已经成立和进入工作后。但是，它们不太适合于作为组团的起始资金，因为钱款的落实需要时间。

● 作为业务由客户出资。这该是资助公益数据活动的最佳方法之一。的确，当公益数据项目投入运行，它们能为政府、非政府组织和慈善机构显著地改进工作程序和节省工作开支。然而，这种形式的资助目前只以极小的规模出现，大多数政府和慈善机构期待企业的公益数据项目都是免费的，都在无偿服务的基础上给予。在本章的后面，我们将会再回到这一点。

怎样建造公益数据团队

当公益数据团队在组织的体系中安置好拨给的预算，成为功能良好的团队还需考虑其他的有关方面。以下是其中一些关注点：

● 数据统筹职能。除了执行技术性的数据任务外（包括数据工程、数据科学和数据可视化），与公司中的其他部门合作也是至关重要的。涉及企业社会责任、可持续发展、名誉、法律和隐私、安全、研究和业务之间的合作。另外，该团队也需要与有关的外部组织建立和保持极好的关系，包括各级政府、慈善机构和其他非政府组织。在大多数公司中，当今没有专职人员来协调照管所有这些事务，其进展尤其依靠这些热衷于促进公益数据项目生效的人员。纽约大学的管理实验室和欧盟专家组关于企业向政府数据共享都建议设立一个新的筹划性职位，职责是以连贯方式照管合作流程。还有，"数据统筹角色"会向外部关系清楚地显示谁是组织中公益数据项目的联络员。很遗憾，当今外部各方发觉如果他们不得不和任何愿意倾听的人员接触，通常最终得到的是多次重复、经常无结果的会谈，因为与会者来自各种机构，比如企业社会责任、人工智能、首席数据官、隐私、法律等方面的机构。

● 技术数据团队。公益数据项目包含实际操作真实数据的活动。因此，团队必须拥有几位技术人员。

● 经营业务的就地支持。虽然公益数据团队通常设在总部，但许多项目会和位于特定地理区域的地方业务一起开展。因此，弄清这些地方业务里的关键单位和关键人员很重要。如果需要地方数据，就必须与当地的首席数据官建立关系。如果合作涉及一个全球慈善机构的地方分支，则必须包含照管组织机构间关系的当地企业社会责任单位。还有，如果在公益数据项目中有后续的商务机会，相关的业务单位必须介入。

公益数据现状，和怎样继续发展

在过去几年中，公益数据运动得到显著的发展。现在，许多公司在这一区域都很活跃。此外，多个促进组织设法在世界各地扩大运动规模。遗憾的是目前大部分活动还只是限于试验性项目或雏形。一个试验项目通常会证明历史上记载的问题范畴能用私有的数据来对付。例如，调研自然灾害的影响——比如地震——可以使用专门为研究提取的数据集。或者，一个试验项目表明电信网络数据所产生的移动数据和大流行病的扩散有明显的相互关系。这些结果的意义在于它们对下一场地震或下一次大流行病有作用：如果有关的试验性项目作为工作系统投入运用，可以减轻地震带来的损失，或可以预测大流行病的扩大蔓延趋势，进而可以更好地采取相应的防控措施。

积极地推动公益数据举措并设法扩大其规模的组织包括 GSMA 的影响力人工智能特别工作小组、可持续发展数据全球伙伴关系、世界银行的好未来数据（Data for Better Lives）的倡议和纽约大学的管理实验室。

许多公益数据项目未能度过试验阶段的主要原因之一是缺乏可持续资助模式。政府对采购这类系统几乎毫无兴趣，而且往往缺乏熟练的能力来理解它的全面影响。慈善机构期待大企业的捐赠，而不是资助公司来实现公益数据项目，即使项目会为这些机构节省可观的资金。最后，实际情况是公司从事的不是乐善好施的行业。它们愿意花一定数量的资金来证明项目的可行性，但是操作一个工作系统需要具备基础设施、职员团队和预算。在写这本书的时候，经费仍然是棘手问题。没有解决的资助难题会阻碍公益数据项目解决实际的世界问题。

赋予了解国内强迫迁徙的电信数据与人工智能的技能

亟须更加准确、及时和综合的数据以便于使联合国可持续发展目标成为可持续发展的有效框架，由此实时推进面向全体民众的政策和方案。当今世界面临的严重挑战包括传染病、环境污染、地震、水灾和其他灾害。还有，强迫的国内迁移（forced internal displacement，FID）正在迅速成为无声的世界危机，它的起因包括武装冲突、普遍暴力、人权侵犯以及诸如此类的原因。到 2019 年底，5 080 万人为了生存被迫背井离乡，迁移到自己国家的其他地方[10]。

收集关于 FID 的数据很困难，尤其在低收入和中等收入的国家，离乡的人们极有可能会停留在基础建设很差的荒僻地方，或者处在被动荡的安全局势所包围的地方。因此，测量迁移的模式是一项非常复杂的任务，会在经济和社会方面加重对个人、家庭和社区的影响。

电信数据对迁移分析的潜能在于两个因素。归因于移动电话的高普及率，由此可以使用大量的数据样本，比基于调查的分析使用的数据量要高很多；另外，归因于连接性的数字化，由此系统地产生高质量数据。电信数据的丰富本质利于测定可能的居留地点（及地点的变化），这些见识基于联系网（社交网络分析）和订户相关的其他重要信息（比如，服务充值、合同种类等）。此外，所有这些信息的使用都符合足够的信息安全、匿名化和聚合式的保证，因为这是一个依各国法规监管的区域。

无论如何，一个主要的技术问题是怎样推断一条移动线对应于一个离乡难民或移民。依机器学习来看，这应当是一个监督问题。换言之，这是由难民组成的一大群体。这训练集是算法程序学习的基础，也是与 FID 有关的移动模式、通话、地理因素等的基础。这允许通过和其他没有特性化的个人来估计移民总数。这是一条非常恰当的途径，但是需要政府和私营行业之间的密切合作，以给受到影响的人们最大限度的保护，因为他们的个人信息必须在个人层面上交叉使用。作为一个显著的例子，我们可以指出专为难民困境数据（Data for Refugee Challenge）做的数据集，它被用于调查叙利亚难民在土耳其境内的迁徙情况。

量化迁移的另一方法是整合公有和私有的聚合式数据源，即每个信息源提供已聚合的数字。预计整合内含汇集式数据的来源会产生高质量的估计，高于依靠单一来源所做的估计。例如，IMMAP 关于委内瑞拉人迁移到哥伦比亚的跟踪报告综合地使用来自 Facebook 的汇总数据（通过巧妙地使用它的广告活动工具）和哥伦比亚政府发表的官方统计数据。另一显著的例子是，西班牙电话公司的有益于社会的大数据团队，与联合国粮农组织（FAO）合作，设法解决瓜希拉（La Guajira）因气候变化引起的移民问题。该地区位于哥伦比亚的北部，遭受了几年的长期旱灾。在项目中，合作队分析了与成千上万移动线路相连的居留模式的变化，查出从瓜希拉（La Guajira）地区的不同城市向其他大城市持久迁移。一旦部署了这一方法，借助分析手段可以相对容易地扩大规模，因此可以重复不断地更新见识。

这些例子说明了数据的重要潜力，它可以协助我们进一步地了解被迫迁移这种世界性的现象，由此能够帮助和保护受苦者和满足他们的需要。但是，重要的挑战仍然存在。第一，公私合作是关键，这样可以最大限度地发挥数据的潜力和保证长期的可持续投资。第二，道德方面必须得到重视和评估，因为同样的工具可以用来达到完全相反的目的，比如迫害移民。